春发其华，秋收其实，有始有极，爰登其质。

——《后汉书》卷五十二《崔骃列传》

春華集

中华书局员工文选

（二〇二二年）

中 华 书 局

图书在版编目(CIP)数据

春华集:中华书局员工文选. 二〇二二年/中华书局编. —北京:中华书局,2023. 12
ISBN 978-7-101-16513-5

Ⅰ. 春… Ⅱ. 中… Ⅲ. 社会科学-文集 Ⅳ. C53

中国国家版本馆 CIP 数据核字(2023)第 248463 号

书　　名	春华集:中华书局员工文选(二〇二二年)
编　　者	中华书局
责任编辑	赵妮娜　刘冬雪
责任印制	陈丽娜
出版发行	中华书局 (北京市丰台区太平桥西里 38 号　100073) http://www.zhbc.com.cn E-mail:zhbc@zhbc.com.cn
印　　刷	三河市中晟雅豪印务有限公司
版　　次	2023 年 12 月第 1 版 2023 年 12 月第 1 次印刷
规　　格	开本/850×1168 毫米　1/32 印张 8½　插页 6　字数 160 千字
印　　数	1-600 册
国际书号	ISBN 978-7-101-16513-5
定　　价	48.00 元

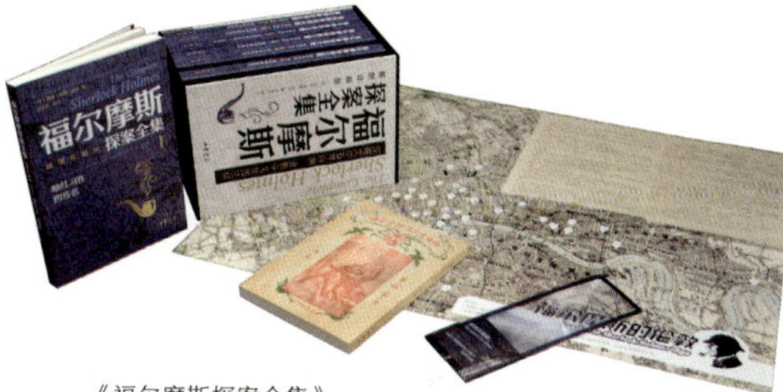

《福尔摩斯探案全集》

《椿树峁》

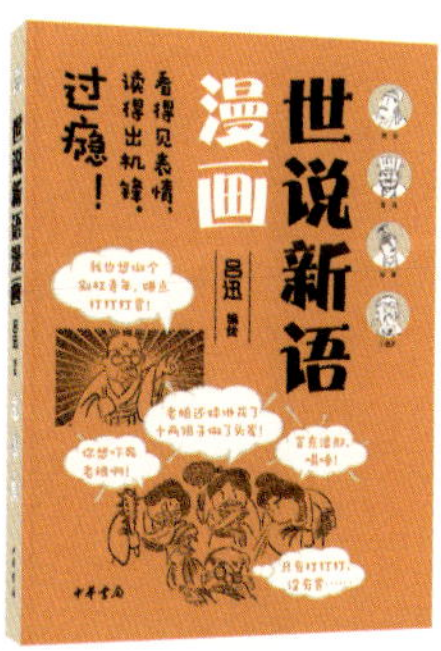

《世说新语漫画》

《毛泽东诗词欣赏》（大字本）

《陶庵回想录》

中华书局
美术编辑
毛 淳
·设计作品·

《植物名实图考校注》

中华书局
美术编辑
王铭基
·设计作品·

《汉服》

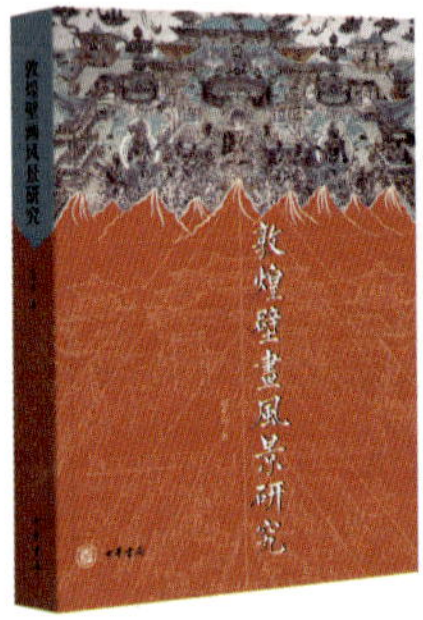

《敦煌壁画风景研究》

《敦煌山水画史》

《从演揲儿法中拯救历史：元代宫廷藏传密教史研究》

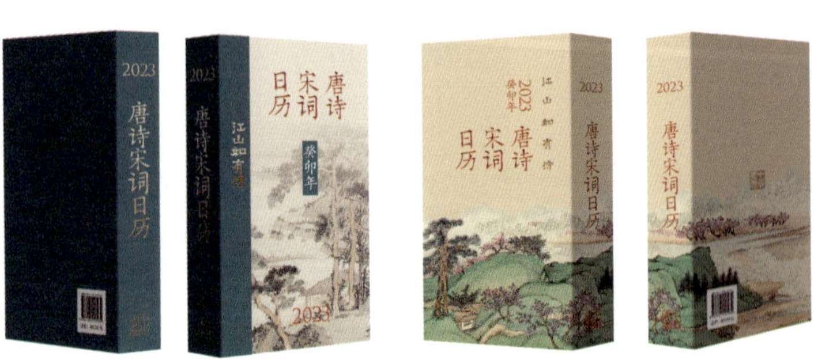

《江山如有待：唐诗宋词日历（2023）》

《国家图书馆藏黄小松友朋书札》

《万历十五年》（四十周年纪念版）

《众星何历历：沈仲章和他的朋友们》

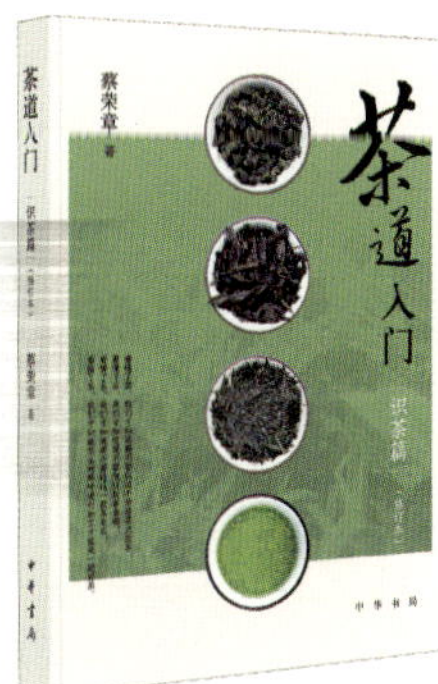

《茶道入门：识茶篇》（修订本）

中华书局
美术编辑
刘 丽
·设计作品·

《复兴文库》（第一至三编）

中华书局
美术编辑
周玉
·设计作品·

《植物名释札记》

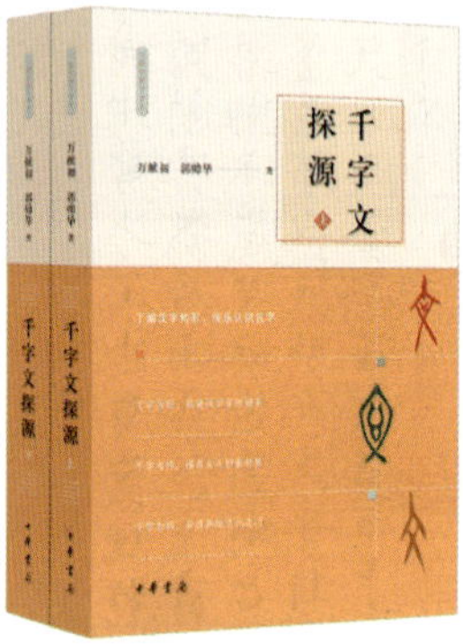

《千字文探源》

《凡人动了心：熊太行说“三言”》

《中国语言资源集·甘肃》

《褪色的金饭碗：国营事业职员收入变迁（1927—1949）》

《黄河文化通览》

中华书局
美术编辑
许丽娟
·设计作品·

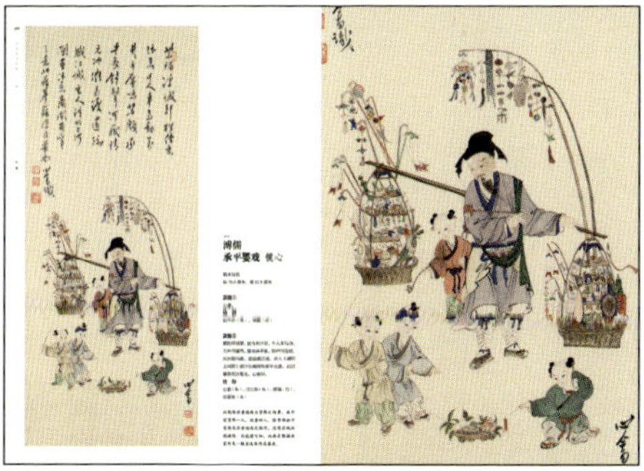

《民国北京绘画图录》内页版式设计

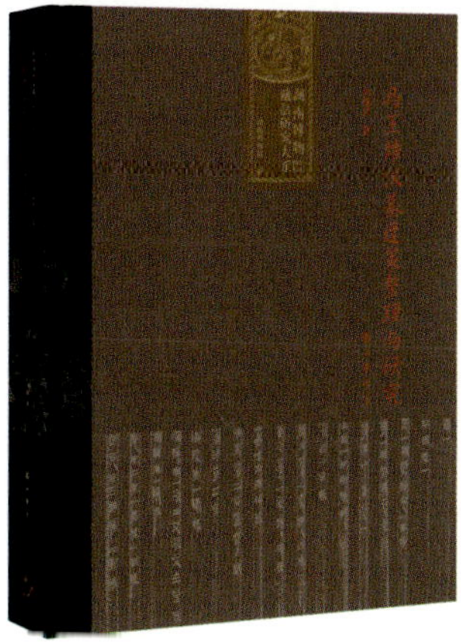

《马王堆汉墓遣策整理与研究》

《敦煌守望四十天》

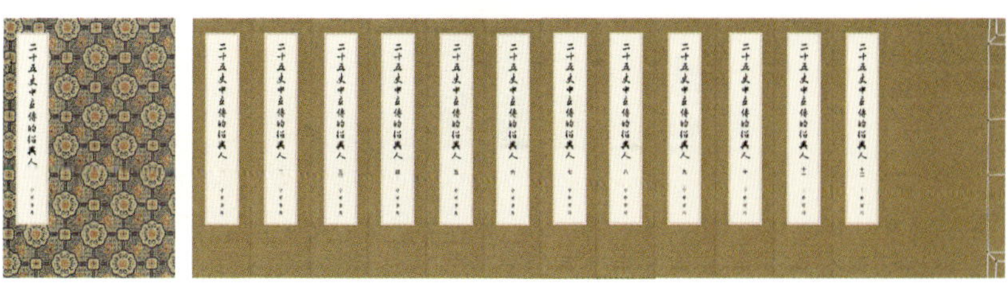

《二十五史中立传的绍兴人》

《秦刀有神：西部地区版画创作人才培养成果作品集》

许丽娟 设计

《消失的铺路人：罗明坚与中西初识》 王铭基 设计

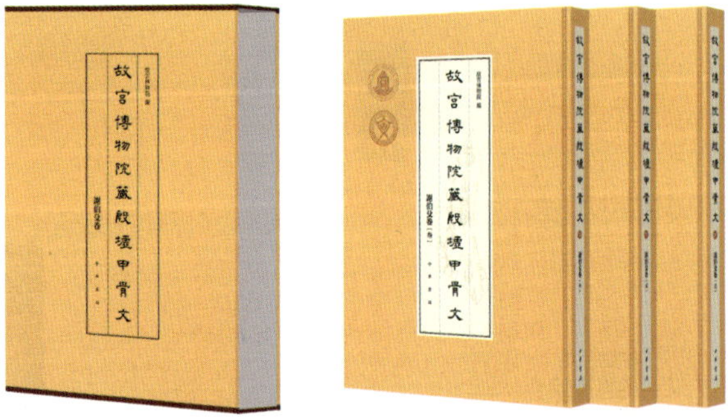

《故宫博物院藏殷墟甲骨文·谢伯殳卷》 刘丽 设计

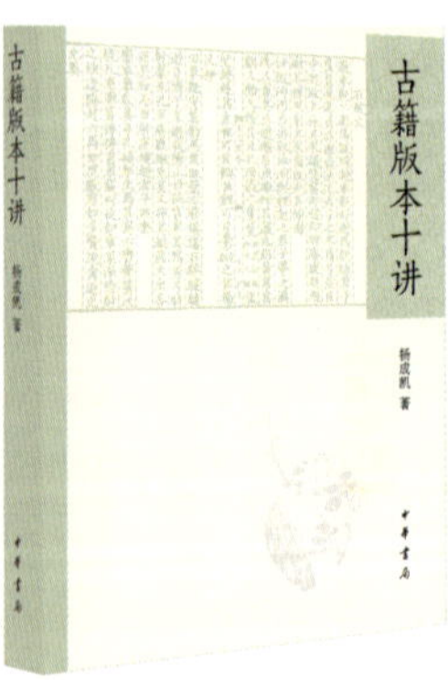

《古籍版本十讲》 刘丽 设计

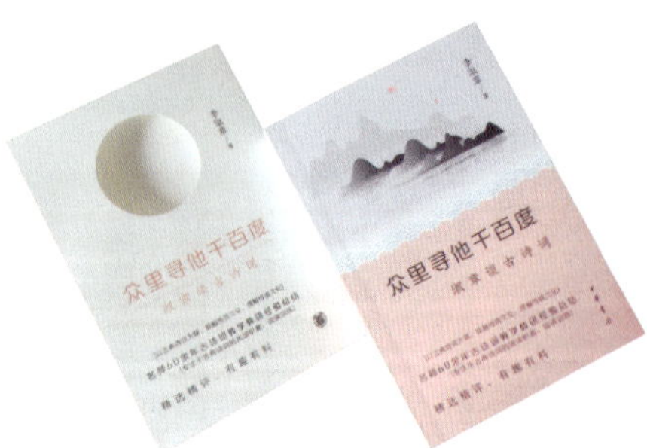

《众里寻他千百度：淑章谈古诗词》 周玉 设计

《从疾病到人心：中古医疗社会史再探》 王铭基 设计

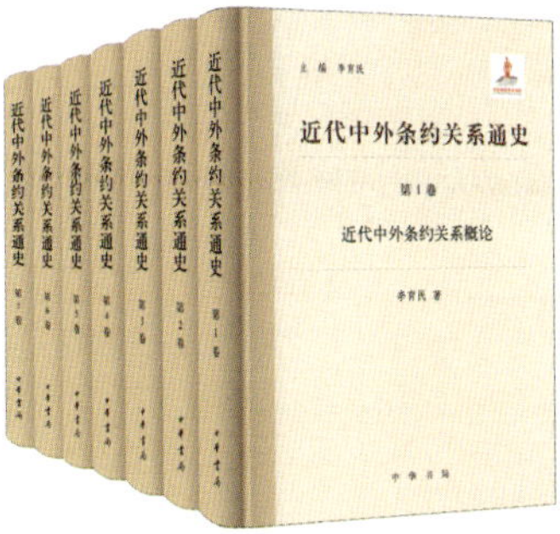

《近代中外条约关系通史》 周玉 设计

《南沙争端的由来与发展：南海纷争史国别研究》
许丽娟 设计

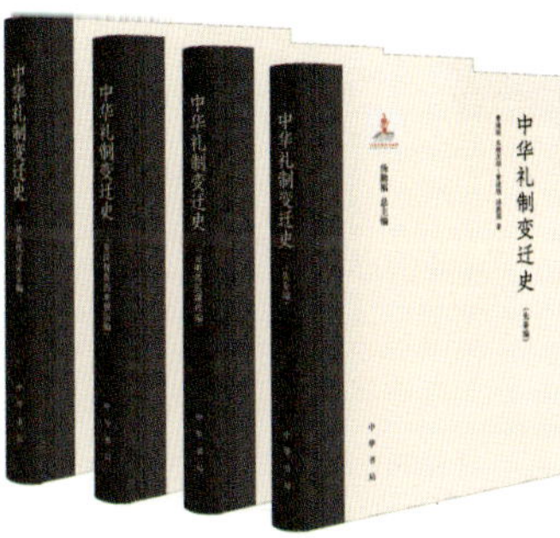

《中华礼制变迁史》 刘丽 设计

《岁时广记》 许丽娟 设计

《中国历史故事》（少儿彩绘版） 王铭基 设计

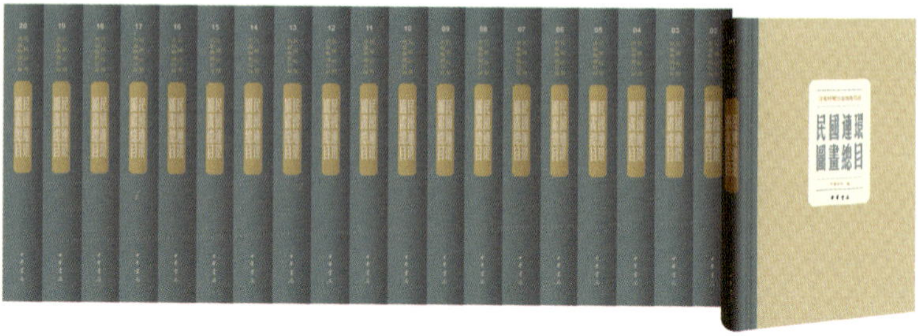

《民国连环图画总目》 刘丽 设计

《启功丛稿》 刘丽 设计

《和田出土唐代于阗汉语文书》 许丽娟 设计

《“西游”新说十三讲》 周玉 设计

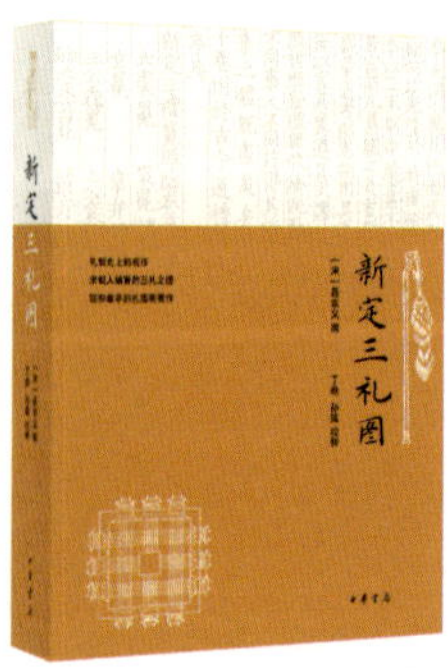

《新定三礼图》 许丽娟 设计

《燕都百记》 周玉 设计

目　录

编辑手记

书里书外

学林散叶

百川学海

艺文类聚

特　稿

编辑手记

明武宗的罩甲，戚继光的敌台

——重编黄仁宇《万历十五年》

徐卫东

校书这件事，连皇帝也没有自信

谈到校书之难，古人向有两个经典比喻。一曰“如扫尘”，如沈括《梦溪笔谈》卷 25 提到藏书家宋绶的经验：“宋宣献博学，喜藏异书，皆手自校雠。常谓校书如扫尘，一面扫一面生，故有一书每三四校犹有脱谬。”二曰“如扫落叶”，如黄淳耀《陶庵全集》卷 1 中说：“昔人谓校书如落叶扫而愈有，则知勒成一书，尤难尤难也。”

正因校书中常出现错讹“随扫随生”“扫而愈有”的现象，但凡稍为复杂的文史书稿，主事者就很难有信心说能消灭一切错误，如乾隆命人校文津等阁图书，也清楚地认识到：“校书如扫落叶，今虽已覆勘精详，犹未能信其竟无讹误也。”（《御制诗集》五集卷 94）谁能想到，即便身为皇帝，似可调动无限人力物力，但在校书这件事上，居然也没有消灭讹误的自信？

让好书开启修订模式

作为一名从业多年的编辑，对古人的经验之谈深有同感。同样谈到编书之难，今天也有一句从老编辑那里流传下来的自嘲："出版是一种遗憾的艺术。"

幸好，对好书来说，可弥补遗憾的途径就是修订出新版。比如，《鲁迅全集》已有四个权威版本，初版后每次重编或修订，都将文字品质提升了一个档次。2021 年 9 月，人民文学出版社宣布再次启动《鲁迅全集》修订工作，因为过去十多年来鲁迅研究已有了许多新的成果，值得"融汇到新一版的《鲁迅全集》中"。

再举个我自己的例子吧。黄仁宇《万历十五年》（下称《万》）经中华两代编辑之手，在 2006 年新版上市后，理应没多少错，甚至按某些人想当然的说法，"没有了文字错误"，但实情并非如此。我曾说过："世上没有完美的《万历十五年》。" 2011 年所撰《我编辑黄仁宇作品的体会》亦云："虽然相较旧版而言，新版改正了不少原来的错误，但并未完全改净，或增加个别新的错误。好在如今的出版技术非昔可比，可以利用重印的机会及时更正。"

不过，《万》七章内容，引用了丰富的中文史料，每章仅注释就少者数十，多者上百；过去限于种种因素，各版文字处理仍有不周之处，重印更正只是权宜之计。还好如今由于互联网的发展及古籍数据库的完善，方便编辑查考之处甚多，故修订时机日趋成熟。2022年恰逢中华出版《万》四十周年，因此2021年我就代表中华跟黄仁宇著作权继承人，即其子黄培乐，提出利用现今便利条件“核对引文，进一步提升编校质量”、出版四十周年纪念版的修订计划。培乐很快回信说：“我非常喜欢四十周年纪念版的想法。让我们这样做！”终于，我们也能像人文社修订《鲁迅全集》那样，“再次启动”《万》的“修订工作”。

可能很少有人注意到，《万》的成书情形特殊。作者先写了英文稿，再自写中文稿（他已意识到中外读者对象不同，故中、英文稿有很大区别，绝非简单对译关系），又经沈玉成的改写、润色，最后成中文版，其间曲折非普通书稿所能经历。《万》中英文版在文字、段落上存在许多差别，只要有心对比一下就会非常清楚。或简单来说，中英文版各七章，但没一章的注释数是一样的，比如第六章，中文版134个注，英文版却有142个注。至于自写中文稿与沈润色稿的不同，可参见陈洁《〈万历十五年〉的中文之旅》（载2011年3月16日《中华读书报》）提供的开篇对比。因此，任何一个编辑都不可能不顾现实而强行让中文版跟英文版或自写中文稿保持一致，且可纠正讹误（英文版编辑显然未核中文史料）。《万》的修订工作，只能立足于1982年中文版。

明武宗的罩甲，戚继光的敌台

撰此文时，《万》四十周年纪念版的修订工作已告完成。回顾修订过程，我的体会实与许多前辈的经验相差无几：

第一，时刻谨记编辑是书稿把关人，要多疑多查。

郑一奇说，人得了病要去医院找大夫诊治，书稿中的毛病，就要靠编辑来诊治；书稿会犯各种毛病，其一是有“硬伤”，而诊治“硬伤”是编辑应负的责任。（《编辑心语》，河北教育出版社，2004年，页204—211）林烨卿也说：“作者刚脱手的原稿，只不过是毛坯，经过编辑审阅、提修改意见，以至于加工、整理，才能成为合乎规格的作品，这是不言自明的事实。”（《编辑杂谈》，北京出版社，1981年，页120）实际上，编辑的作业对象不仅仅是“刚脱手的原稿”，也常包括已出过的书。对旧书新版，编辑同样不能掉以轻心，因为上一版的加工、整理如未到位，那就要在新版的编校中尽量补足这道工序。就拿蒋廷黻《中国近代史》来说，1938年初版有不少问题，但八十多年来出过数不清的版本，大都是简单翻印了事，且或有径改不当者；多年前我仔细核校本书，出彩图增订本，这本名作才有了一个文字较准确、内容较丰富的新版。

编辑改稿，既要尊重作者，也要有把关意识，不能盲从盲信名家名作。孙犁说："对稿件严肃认真，就是尊重作者，其它种种，都是无谓的客气。"（《编辑杂谈》，页117）郑一奇说："改稿时对作者一视同仁，只从稿件质量着眼。"（《编辑心语》，页186）王笠耘认为编辑加工中"忌依赖作家"："总以为作家是经过深思熟虑的，不会有什么错误，特别是著名作家的著名作品，更不会有什么问题，有了这种思想，那就从精神上解除了武装，连最明显的问题也会视而不见。"（《编辑杂谈》，页189—190）我曾发豆瓣广播："看稿子，就怕'习焉不察'这种状态。没有疑问，就不会想到动手去查；稿子中的错误也就轻易漏网，而无法改正了。"有很多书稿，乍读起来"文从字顺"，如果此时精神上松懈，不疑不查，就很可能留下不少疏漏。

这次修订《万》，可说是当作一本全新书稿来做，某种程度上也是在与昨日之我较量。我确实发现了此前因"习焉不察"而放过的一些问题。比如，第二章说"申时行不是皇帝五个蒙师之一"（英文版作 the five instructors，误），而据《穆宗实录》卷66，万历少时有六个讲读官。第三章说武宗是"骑在栗色马上安然驾到"（英文版作 a chestnut-colored horse，误），而据《武宗实录》卷158则是红色马："上戎服，乘赤马佩剑而来。"第四章提到万历和郑氏"在皇城的寺院里双双祈祷"（英文版无此句），而据文秉《先拨志始》，万历和郑氏是在“大高玄殿”拜真武，是为道观。第六章说总督胡宗宪落水，但据采九德《倭变事略》，当时胡只是巡按（英文版作 Supreme Commander，误），总督是张经。

第二，有疑问处，经查核确有错讹，要做到“改必有据”。

编辑改稿，不能凭想当然，而是要多查多问，有确切根据后才能决定如何加工。人文社有个老编辑曾总结说：“左手工具书右手互联网，‘改必有据’刻脑门上。”我的日常改稿情况与此几乎如出一辙：两年前编吕思勉《中国古代文化常识》（精装珍藏版）后所写“编校举例”就强调“改必有据”这个原则；字词典、学术期刊网站、古籍数据库、现代汉语语料库等各种资源都是编辑加工的好帮手，让我对书稿中出现的疑问基本能做到“兵来将挡、水来土掩”。

编辑改稿的根据，除了字词典、学界研究成果、史料原文等外，甚至还有实地调查——典型案例是二十世纪八十年代人民出版社增订《毛泽东农村调查文集》（亦即“打开修订模式”），编辑小组除了查阅文献外，还做了大量实地调查，订正了很多错讹（包括事实错误），如“李奎应”“凌雷汉”“古丽华”“侯迳”“章文”“橙火钳”等分别据调查径改为“李其尚”“凌霄汉”“古鹿苹”“猴迳”“障云”“凳头钳”等。（参见《编辑杂谈》[第三集]，

1985年，页73—84）

编辑《万》四十周年纪念版，重点在于利用如今方便的古籍资源，尽量查核对史料原文的引用、转述有无讹误。核查一圈下来，自然“收获”不少，如：

第三章写武宗练兵，说部队铠甲上“系以黄色的围巾，遮阳帽上插天鹅的翎毛”。而据《明史》卷307：“诸营悉衣黄罩甲，泰、琮、周等冠遮阳帽，帽植天鹅翎。”则将士身上并无围巾，且遮阳帽非士兵所戴。又据刘若愚《酌中志》卷19：“罩甲，穿窄袖戎衣之上。”且查沈从文《中国古代服饰研究》一五六所收历史图片，可见“罩甲”类似马甲，长短不一，对襟。故此处调整为：“戎衣上套着黄色的罩甲，军官们戴着遮阳帽，帽上还插着天鹅的翎毛。”英文版作 yellow capes，且戴遮阳帽者含士兵，均误。

第六章言戚继光建议增造敌台，“其标准规格为三层，台顶见方十二尺，可驻守三十至五十名士兵”。长城我去过数次，敌台也登过，但此前读过好多遍《万》，都没想到“顶部十二平方尺的三层堡垒如何能驻扎三五十名士兵”这个问题，可算是“习焉不察”之显例了。原注为《练兵实纪》杂集卷6，查其原文云：“今见空心敌台……其制高三四丈不等，周围阔十二丈，有十七八丈不等者……两旁主客军士三五十名不等，其常用守台。”我先是根据这处史料原文，调整文字为“台顶十二丈见方，甚至有阔至十七八丈者”。后斟酌《练兵实纪》原文，感觉校改仍有不妥，原文所言似非台顶尺寸。

继续查考，得《明经世文编》卷 349 戚的奏疏：“定台基以十三丈、收顶以十丈为则……台制尤当随地置形，如墙外地宽，则台当多出；如地狭，则台当少出，如脊尖削内外俱狭，则当稍阔其两面，险其两傍，以无失周围十二丈之意，则制度如指诸掌矣。”“无失周围十二丈之意”，恰与《练兵实纪》合，则台顶定制为十丈见方，“十二丈”为敌台中部尺寸。最终据此增补史料出处，并订正正文为：“其标准规格为三层，台顶一般十丈见方，周围阔十二丈，甚至有阔至十七八丈者，可驻守三十至五十名士兵。”英文版作 a minimum of 12 feet for each dimension on the top，误。

是人都有疏忽的时候，因此有老编辑提醒改稿要注意复查，尽量保证改得准确。这是非常有道理的。戚继光的敌台之尺寸调整，就是得益于复核的例子。

第六章还有个有趣的知识点纠错，也是复核发现的。文中说：“当他写到‘口鸡三号，将星殒矣’，显然有无限凄怆的感触。”汪道昆文出处是《国朝献征录》卷 106 页 62，最初查原文时确实看到此页右起第五列有“口鸡三号，将星殒矣”，故未做改动。但心里不踏实，总有个疑问：“口鸡”是什么玩意？后复核原文，发现问题。《国朝献征录》很多地方刊刻不清，如此处“口”字，中间一横几近于缺失，但从字形修长判断应为“日”字；且原文无句读，斟酌后发现应断句为：“丁亥，始及耆。蜡日，鸡三号，将星殒矣。”万历十五年，戚刚过六十岁，故云“始及耆”。为确保无误，还找到影印的汪道昆《太函集》，印的正是“日”字。

戚去世时间为万历十五年的“蜡日”，是哪天？查范中义《戚继光评传》，有注云“蜡日”一说为腊月初八，一说为冬至后第三个戌日，“这里取后说”。“蜡日”外，又有“腊日”，查秦蕙田《五礼通考》卷56：“《玉烛宝典》：腊者祭先祖，蜡者报百神，同日异祭也。”而据《说文》：“冬至后三戌，腊祭百神。”谢肇淛《五杂组》卷2：“今人亦不知有腊，但以十二月为腊月，初八日为腊八日而已，不知冬至后三戌为腊也。”则确系后说为是，万历十五年冬至后第三个戌日为甲戌二十日，而阳历即1588年1月17日，正是第六章开篇换算出来的日子——不过，阴历日期却被误为十二日。

第三，与“改必有据”相联系的另一面，则是“改错不改异”，“不改亦必有据”。

编辑改稿还要有慎改意识。语言文字反映生动活泼的现实，作者用词不可能只按《现代汉语词典》等工具书来，因此只要不是错，就不能轻易改动。《万》中有很多与今不同的表达习惯，甚至有被疑为错讹者，只要不误，一般都保留。比如，“身分”一词，曾被许多读者指为错词，但其实是对的。

对书稿中乍看与史料原文不同的表述，查核后确认不误的，也不要改动。如第五章说海瑞田产“据估计不到四十亩”，史料出处为《海瑞集》页457，其原文云：“姑以生言，粮籍寄在海口二，田在那社一图。一石二斗八升之粮，田九十三坵。”二者似对不上。我曾思索多日未得解，后忽想到“粮”是指田赋，再查《明史》卷78：“初，太祖定天下官、民田赋，凡官田亩税五升三合五勺，民田减二升，重租田八升五合五勺，没官田一斗二升。”“民田减二升”，即每亩税三升三合五勺，而海瑞家的田赋为“一石二斗八升”，换算一下，就可得出海瑞有田三十八亩余，与“据估计不到四十亩”并不冲突。英文版没提到海瑞田产。

“庶亦可称善本耳”

虽然依旧是“世上没有完美的《万历十五年》”，但四十周年纪念版或可朝完美更近一步。这种感觉，正如乾隆在命人校勘图书完成后说：“虽校书如扫落叶，然经此番改正之后，庶亦可称善本耳。”（《御制诗集》五集卷38）当一本好书在自己手上诞生或完善时，那种快乐我相信是很多编辑能体会到的。邹韬奋说自己对做编辑“乐此不疲”，也正是因为享受其中的乐趣吧！

多说一点。如果说因为改正了书稿中一些甚至很多错讹，就自以为比作者高明，这种想法是十分浅薄的，也不是为编辑者所当有。编辑与作者是不同的角色。编辑是一个专门的职业，改错正是编辑职责所在，如林烨卿认为，编辑“作为书稿的第一个读者，抱着替读者着想的态度，不迷信权威，敢于找作者笔下的岔子，对于书稿中的每一个论点、每一条材料，以至于每一个标点符号，都不随便放过……是好作风，因为可以帮助我们尽量发现书稿中存在的问题”。(《编辑杂谈》[第二集]，1983 年，页 69)

如同黄仁宇自写中文稿乃是“出于向国内读者求教之忱”，时隔十一年，我再次就黄仁宇作品写编辑手记，与前篇一样，也是出于交流的目的：同行或可参考（如以前我谈到“无中生有”在编辑策划中的价值，就被一位前辈注意到，参见聂震宁《出版力：精品出版 50 讲》，第 13 讲［安徽教育出版社，2019 年］)，读者也可了解编辑工作的具体内容。文字具有生人死人的魔力，而编辑可说是为促进人们以文字交流而生，编辑与文字间的关系几乎天注定——至于留下文字，是否会被他人曲解，则非吾所知也。

（原载 2022 年 4 月 20 日《中华读书报》，作者系中华书局大众图书出版中心编辑）

花草的名字是植物几世的浪漫

——《植物名释札记》编辑手记

汪　煜

在我的老家，最常见的东西，就是长在山坡上、道路旁、田地间、院子里的植物，它们是节气的使者、农事的证人，按着那神秘而伟大的自然法则，萌发柔嫩的枝叶，绽放热烈的花朵，凝结沉着的果实。它们都有着人赋予它的名字，这些名字就成为了我对它们的第一个认识。可是，“桃”为什么叫“桃”？“杏”为什么叫“杏”？芡实为什么叫“鸡头米”？合欢为什么还叫“合昏”？植物名字的背后，还藏着无数故事，这些故事就像藏在石头里的地球的印记，永远令人着迷。

当然，我不是第一个对植物名字着迷的。曾经有过很多人，他们或者是编纂药典的李时珍，或者是注解辞典的王念孙，为了济世救人或者是阅读经史的目的，而耐着性子，老老实实地在青灯下推理那一个个植物“谜题”。今天，我想说的，是这很多人里的一位，和他写的“谜底集”。这位对植物名字着迷的先生，就是我国著名植物学家夏纬瑛先生。这本“谜底集”，就是他所撰写的《植物名释札记》。

夏先生是1896年生人，因为家中行医的缘故，早在先生的少年时代，就接触了许许多多的中草药。这是他和植物们最开始的缘分。后来，夏先生求学、工作，都跟植物学有关。在动荡不安、积贫积弱的旧中国，夏先生还进行了好几次植物学调查，在这些调查中，夏先生积累了好些植物的“旧名字”、“俗名字”和“土名字”，这些“旧名字”、“俗名字”、“土名字”藏着得名地的历史，藏着使用者的情感，触动了夏先生。他想写写植物的名字，写写植物名字后面的故事。这是《植物名释札记》一书的由来。

夏先生是何时动笔撰写《植物名释札记》的，现在已经无法详细考证了。但从夏先生留下的七大本《植物名义》的手稿里可以知道，早在1934年1月时，他就已经进行了考释植物名字的工作。也是从这部手稿里，后人才得以明白，这项工作至少持续到了1958年。从1934年到1958年，整整过了二十四年的时间。

按照古人的计岁法，二十四年的时间，是木星在天空中绕着太阳走过两圈，而对于一个人来说，却是走过生命历程的四分之一。从喜爱植物的人的角度来说，能有四分之一的生命毫无旁骛地花费在研究植物上，那是非常令人开心的。但对于夏先生而言，除了植物，他还接受了对于中国农业史史料的整理工作。

作为世界著名的农业国，中国留下了大量的与农作物、农业生产、农业技术相关的文献，整理这些文献，对于梳理中国农业发展的历史有很大帮助。在传世文献里头，较早的农业记录，存在于《诗经》《周礼》《夏小正》等书中，而《管子·地员篇》和《吕氏春秋·上农》等四篇又是当时最为系统的农业文献。夏先生对于这些文献都做了校释工作，给后人留下了一笔宝贵的财富。自然，梳理这些文献材料，还是要同文献材料里记载的植物打交道。历史在这算是兜个小圈子，让植物学家来干与植物相关的事，这是夏先生的当行本色！

在夏先生晚年时，农史文献的整理已经告一段落，但是植物名字的故事却还没讲完。于是在病榻上，夏先生梳理他的旧稿，并请人誊录其中的精华。这么着，就编成了“植物名释札记”，写出了一本植物“旧名字的故事”。

打开这本书，就好像天南地北的植物陈列在了眼前。那村口的樟树，望着在南方乡村的青砖白瓦，似乎还有节日祭祀时留在树下的烛火的温度；那山上的桦木，望着北方天空的点点明星，似乎不曾注意呼啸在荒野里的寒风。除此之外，那漫山遍野开放的杜鹃花，那挂在墙上绿荫一片的薜荔藤，那在广州街道上站立的吉贝树，那在北京四合院里摇曳的白玉簪，都在书中生长着。那一条条简短而有趣的札记，毫无保留地展现着一位植物学家的浪漫。

当然，最开始的《植物名释札记》只有简短的文字，而夏先生在撰写札记时，好多时候是在分辨古人手绘的图画，这些图画如果没在读者的眼前，札记就会跟人产生出距离来。这一次，为了让读者更好的理解札记的内容，我们就按照札记里说的图画，一幅幅重新配上去。所以，跟吴其濬先生的《植物名实图考》相似，这一版《植物名释札记》是一本有图有文的“谜底集”。另外，还参照植物学图书的“一般标准”，在书后编制了中文名索引和拉丁名索引，方便读者去直接找他们感兴趣的“花花草草”。

另外，有一点还不得不提。夏先生撰写札记时，他使用的部分通用的植物名称和其拉丁名称，在今天有所改变，有些甚至与今天使用的名称差了一个“天涯海角”。为了更好地方便今天的读者去挣脱时空的“束缚”，书后还编了一个名称对照表。希望在阅读夏先生的浪漫时，这个表有所帮助。

做一本书，要走过多少路？做一本旧书，又要走过多少路？好像这两个问题都是没有标准答案的。但是，做《植物名释札记》的编辑工作，我好像能看见一点自己的答案，尽管这个答案还在路上。

在编辑《植物名释札记》时，我常常想起奇幻电影里的一个镜头：一位蹒跚老者，长须垂地，拿着放大镜坐在摆满各种典籍的书桌前，身后无数多的植物突然间生长出来，开着花，抽着藤蔓，与窗外春天的景色遥相辉映。想着想着，想到现在，终于看见这位蹒跚老者了，那是夏先生。不知道在读过本书之后，会不会有人也有这样的画面？

命名一个新物种，把自己的名字刻画在自然里，是很多分类学家梦寐以求的事情。但面对先民留下来的那些物种旧名字，它们的意思以及它们背后蕴含的情感与道理，似乎就不大惹人关注。在古典时代，编纂药典的本草学家们会关注这些物种的名字，研究汉字字音字义的朴学学者会关注这些物种的名字，因为他们要借着名字来认清物种治病救人的效用，探寻先民认识事物的逻辑，但是，时空改变，物种的分类大踏步地向现代分类学迈进之后，本草学家的见解，朴学学者的梳理，都跟今天的人们产生了距离。夏先生为着今天的人们，努力地把那些物种旧名字的一部分，也就是一部分植物旧名字给解释清楚，这是夏先生的功绩。我想，当用植物做成的一本书变回千千百百种植物时，我们也就能体会到功绩背后的那些浪漫。

（原载 2022 年 11 月 3 日“中华书局 1912”微信公众号，作者系中华书局文学编辑室编辑）

茶叶与鸦片书写的全球史

董洪波

看到桌上刚印出来的新书，我感到一阵惊喜。《茶叶与鸦片：十九世纪经济全球化中的中国》是我在中华书局上海聚珍责编的第一本书。这本书在我接手时，选题已经立项了。按照贾雪飞老师的规划，是要作为中华聚珍“经典重现”系列中的一种来打造的。

此前中华聚珍已经推出过广受读者欢迎的学术大众经典之作《晚明大变局》《清朝大历史》等重量级好书，以这些书的出版经验来编辑《茶叶与鸦片》，把书做精，无疑是一个很好的磨砺过程。毕竟刚入职，对于出版流程有许多不熟悉的地方，加上我自己是中国近代史专业出身，对于十九世纪的中国史并不陌生，因此很乐意接手这本书。

据我最初的了解，这本书是清华大学教授、中国社会经济史名家仲伟民老师的博士论文，十年前曾在别的社出版过，从学界的口碑来看，本书的学术价值是很受认可的。李伯重先生作的序充分说明了这一点。再者，本书讨论的主题相当诱人，茶叶与鸦片的贸易兴衰与近代中国全球化之间的关系无疑是许多人关心的话题。所以，想到能让这样一本有分量的著作以新的面貌呈现在读者面前，内心怎么会不充满期待呢？

确认责编这本书之后，我很快联系上了作者仲伟民老师。仲老师非常客气，听说我毕业于华东师范大学历史系，还亲切地以“校友”相称，放心地把稿子交给我负责。书稿二十三万字，以鸦片和茶叶贸易为切入点，将十九世纪的中国纳入全球化视野进行讨论，涉及的历史知识非常繁复，还配有数十张图表。

审稿的过程对我来说是一场知识之旅，我跟随作者的文字看到近代中国茶叶与鸦片贸易的流转过程，看到中国的茶叶贸易如何一步步由盛转衰，而罪恶的鸦片又如何毒害了国人的健康。作者并非仅仅聚焦于茶叶与鸦片贸易，其“主要目的是持‘了解之同情’的态度探讨中国在十九世纪全球化中的处境，并进而探讨中西方发展道路的不同”。故而在书稿中可以看到作者对许多国际前沿理论的反驳或回应，显示出深切的人文关怀。

本着负责的态度，我对文稿进行了全方位的“扫雷”，统一称谓、核地名、核官名、核译名、核图表、核引文、核注释，确保知识上的准确和规范。

除了“扫雷”以外，为便于读者检索，我征得仲老师的同意，对参考文献部分也进行了重新打造。原有的中文文献是把译著和中文论著放到了一起，我将其分为“中文论著”和“中文译著”，按首字母重新进行排列。英文参考文献也一一核验出处，并统一和完善了格式。

仲老师尽管工作繁忙，在接到校样之后，仍然抽出时间做了很多批注。收到返回的校样，针对仲老师的反馈，我又对文稿作了进一步的完善。仲老师看得很细，特别提出是不是要把注号统一放在标点符号之后，因为《清华大学学报》一直这么处理。我在征询了同事的看法之后，觉得还是保留原来的做法为好，并最终得到了仲老师的同意。

校样已经差不多了，接着是质控环节，把改好的付型样寄到北京去，请书局的质控老师帮忙把关。在等待结果的那几天，由于前期审稿比较仔细，加上抱着一种学习的心态，心情还算平静。果然，质控顺利通过了。接下来就进入发印环节了。

一本书的出版离不开同事们的辛勤付出。感谢美编刘丽老师为本书设计出简约而大气的封面，刘涛老师慷慨题写了书名。因为我刚到书局，对出书的流程不太熟悉，贾雪飞老师在每个关键的环节都给予了热情的点拨和指导。还要特别感谢上海社会科学院的高明老师，在外审时解决了不少问题，让我编辑起来更加得心应手。能够成为中华书局上海聚珍的一员，和志同道合的伙伴们一起朝着做精品好书的方向奋进，于我实为幸事。

（原载 2022 年 3 月 26 日“中华书局 1912”微信公众号，作者系中华书局上海聚珍文化传媒有限公司编辑）

《中华诗笺》编辑手记

梁五童

2012 年中华书局创建 100 周年之际，在出版的系列纪念出版物中，有一本《中华书局收藏现代名人书信手迹》，那时作为一名刚到书局工作没多久的员工，也可以领到一本，工作之余，匆匆翻看里面的书信手迹，内容虽未及细看，但各位名人手迹所用之纸，却也是不一而尽，各形各色，虽机构用笺较多（如梁思成所用“中国营造学社”用笺、徐志摩所用“上海新月书店”用笺），亦不乏私人订制之笺（如周作人所制“苦茶庵”用笺、谭泽闿所制一笔“虎”字笺），再有就是一些南纸店制笺（如北平荣宝斋、清秘阁），甚而还有当年鲁迅、郑振铎两位先生主持刊刻《北平笺谱》中的个别图案（如张东荪所用江采绘秋葵笺、朱自清所用姚华绘唐画壁砖笺），红框暗线，浓淡深浅，隐然于翰墨之间，更添了许多风雅。

当然，在这些笺纸中，最吸引我的还是三张与中华书局相关的制笺，确切说应该是两纸一封，“两纸”一为马君武所用“中华书局承印部”用笺（朱丝栏仿竹简八行笺），一为李霁野所用“中华书局制”猫戏婉转八行笺；“一封”即张闻天所用红“X”组合边框缄封，上印仿宋体中华书局驻沪详细地址。作为一名现代的书局员工，在“百年再出发”的时刻，这“两纸一封”给我留下了深刻的印象。

百余年间，片纸闲墨，记录着从前的人、从前的事，他们在纸上的一往一复，多是当年关于出版的故事。

2015 年左右，在《故宫日历》的风潮带动下，各种日历类图书一时百花齐放，中华书局亦曾出版有《红楼梦日历》《唐诗之美日历》《古都之美日历》等。2017 年，刘运来先生所编的《笺谱日历》开始进入日历书市场，所选笺图或朴拙可爱，或摹刻入微，或人物历史典故，或山水花鸟博古，设色精雅，文气十足，堪称一座“纸上花笺博物馆”。直到 2020 年的《笺谱日历》，居然欣喜地发现，其中收录了一张中华书局所制的红叶笺，不由想到红叶题诗的典故。此笺图案为清末民国时人邵农所绘，两片红叶，一低一昂，阴阳向背，深红浅绯，意态十足。此图最早应见于清末的《百花诗笺谱》，后曾为民国时期多家南纸店所复刻，从印章款识看，此笺应为民国时期中华书局据以复刻。激动之余，便想：不知是否还有更多的民国时期中华书局所制笺纸，便在网上到处搜求，果然不负所念，又在旧书网上找到几张图片资料，一为梅花笺（明人陆治绘款），一为仕女笺（郑慕康绘），一为人物风景笺（丰子恺绘），从纸张形制、印刷工艺看，此三张当为一套；另一张为双色套印花卉笺，绘荷花荷叶，上有高野侯题李太白诗句，“佳期彩云重，欲赠隔远天。相思无由见，怅望凉风前”。顿觉太液风来，相见恨晚。

一颗小石子又激起了五年前的波澜，所谓“念念不忘，必有回响”，这回响来得正是时候。

对于民国时期中华书局所制诗笺的搜求，几番起伏，终是不平。日月流水，好在总能于一点一滴中发现线索，然后不断追寻。在这过程中，等到了《笺谱日历》（2021）中收录的高野侯摹石谱笺、《笺谱日历》（2022）中收录的秦淮八艳笺，刘运来老师还在一本拍卖图录里，发现两页名人信札也是用的中华书局所制摹金农梅花笺。后来又在梁颖先生《说笺》一书的某个注释中发现了中华所制西湖十景笺的线索，因为出版只有注释信息，没有附录图片，好在几年后《说笺》典藏版的出版，得以看到这两张名人书札里的西湖真面目。后来，更有幸在微信群认识了上海的花笺收藏爱好者，在与之沟通介绍用意之后，为我无私地提供了所藏相关花笺的电子图片。

在信息化时代，古人的书信文化虽早已被现在瞬间可视可听的通讯技术所取代，但每当我们疲于眼下之“快”时，总不免想要停下来，感受一下从前的“慢”。所以，在积累了一定的素材之后，为了让古人这份“鱼雁传情”的书信文化传承下去，为了留存民国时期中华书局所制诗笺的图片资料，便想到在中华书局创办 110 周年的时候，可以用这些诗笺图案制作一册笔记本，摹古追思，也是百余年后的一次回响。

当时已是 2021 年 5 月，我马上在书局的电子出版系统里填写了立项申请，说明制作此册笔记本的缘起及用意。看到这些承载着历史与时间印记的旧纸，立项很快便得到了部门主任、局庆办领导以及局领导的通过。令人惊喜的是，居然还收获了时任执行董事徐俊先生私人收藏的民国中华所制诗笺图案，一套四张，内容为花鸟水禽，保存较好。

时至 2021 年年底，诗笺的图案，已经由起念时的“两纸一封”积累至五十余种。下面的工作便是内容的整合，在内容上，经和编辑室主任商定，笔记本的立意主要在图案的欣赏和书写的实用功能，对诗笺内容不做过多阐释及延伸，仅对纸上的文字作简单释文即可。五十余种诗笺图案，虽然文字信息不多，但因多为书法字，个别不易辨识，在此过程中，也曾得到书局同事的无私帮助，在此致谢。

设计师，既要有艺术的创造想象，还要有匠人的心细如发，面对这样的人，总会让我们心生敬畏。

文字内容编定之后，下面便是最重要的设计环节了。在设计方的考虑上，我最先想到的就是刘运来老师，因为这五十多种图案，有二十多种都是刘老师无偿提供的，而且刘老师所编所设计《笺谱日历》已有六年，其中2018年版还曾荣获“中国最美的书”称号。在沟通之后，刘老师欣然担当，认为这不仅是对中华出版文化的传承，也是对“花笺文化”的弘扬。在诗笺图案的电子化修复上，刘老师有独到的领悟与经验，如何精准地再现当时典雅的设色（当时笺纸制作多为木版水印，所用多为天然矿物质颜料），如何真实地反映纸张旧时的肌理（当时制笺所用纸张多为手工宣纸），这都是我作为一个“门外汉”所最放心的。因此，在总体的修复上，刘老师与我达成的意见便是，整体遵循“修旧如旧”原则，纸张自然老化的痕迹是时间的印记，一般不做修复，而仅对后期保存中的细微破损，做一定的美化修复。

虽然我们已有五十余种图案可以使用，但其中有四种图案的修复，让我和刘老师都陷入了难以取舍的境地，这四张便是：摹金冬心梅花笺手札两页、西湖十景笺手札两页，因为这四张笺纸已经被书写，如果使用的话，就要把上面的墨迹修去，以整体再现原笺纸的图案，其技术难度很高，需要极其细致的软件操作技术，以及对线条纹理修复的独到而敏感的把握，是匠心加艺术的再现。虽然我自己对金冬心高冷的金石气，一直是畏而生喜的，但在如此复杂的技术处理面前，我原计划是要放弃的，可刘老师作为一名书籍设计师，他对金农的漆书有着强烈的私人偏爱，这两张摹古梅花笺，如果放弃了，他便仿佛不能释怀，总觉惋惜。最后，刘老师还是决定修复，另外两张“西湖十景笺”也是一鼓作气。记得当时在微信上看到刘老师发来的修复图，真是冷艳寒香，令人屏息气凝。对刘老师的这份艺人匠心，在此也一并致谢。

哲人说，美是难的。的确如此，尤其是第一次的触目，如果不能惊心，不能打动自己，更如何打动读者！

内文图案，我们最后决定择取其中四十种，因为这册笔记本会用作书局局庆的纪念礼品，一册略显单薄，所以我们决定制作成两册。

内容定稿之后，接下来的便是另外一个难题——封面设计。关于封面设计，刘老师作为一名“最懂花笺”的书籍设计师，以其极负责的态度，在电话、微信的往来沟通之中，不厌其烦地数次调整。

初次方案五种。方案一：沧浪绿，上下册礼盒装，徐俊先生题签（后同），设计思路为于闹中取静，于静处听香。方案二：苏梅粉，上下册礼盒装，设计思路为“浣花笺纸桃花色”。方案三：樱桃红，上下册礼盒装，符合局庆的气氛。方案四：海涛蓝，一函两册，设计思路为“动人春色不须多”，万花从中，一枝独秀。方案五：单册，封面栗壳色，梅花枝作浅浮雕造型（仿制笺中的拱花效果）。

修改后拟采用方案两种。方案六：海涛蓝，上下册礼盒装，设计思路为“素以为绚，绚以为素”，蓝册为花乱开，灰册为梅花枝作浅浮雕造型。方案七：樱桃红，上下册礼盒装，设计思路为“前村深雪里，昨夜一枝开”，红册为锦上花，灰册为梅花枝作浅浮雕造型。

最终确定方案：一盒两册，心意满满，包装盒正面压印贴签“中华诗笺”（集民国中华书局聚珍仿宋字体），盒底印“见书如见面”朱文印；一红一蓝，用一藏一；花开两朵，各表一枝。

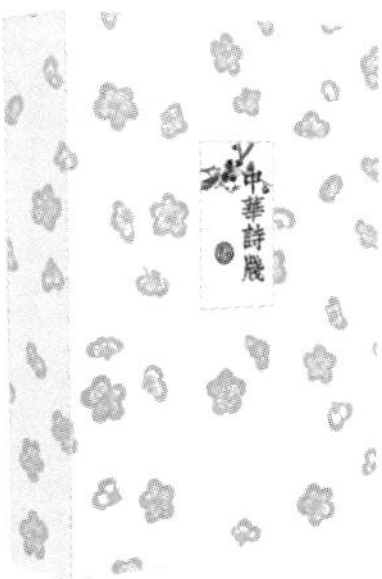

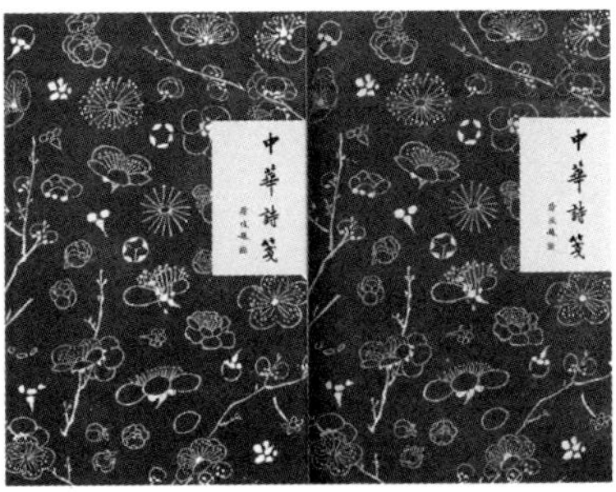

封面确定之后，便是一系列的出版流程，在这“流程”当中，自然还有朵朵细浪，毕竟思想的碰撞才会有火花，大江大河需要溪流的注入，如此，才能有更好的产品呈现给读者 。当然，不足肯定是难免的，但想到龚自珍的诗句 :“未济终焉心缥缈，百事翻从缺陷好”，便也可以释然了！

（原载 2022 年 4 月 30 日“中华书局 1912”微信公众号，作者系中华书局文化遗产编辑部编辑）

紧随时代，依托品牌，打造特色

——中华书局版《中国历史故事》出版思考

杜国慧

提到为青少年推荐中国历史故事类课外读物，很多人首先会想到中国少年儿童出版社出版的林汉达《中国历史故事集》，它是许多人的历史启蒙书，畅销半个世纪，发行了上千万册，在全社会具有非常高的美誉度。既然市场上已经有非常成熟且受到读者认可的产品了，中华书局为什么还要再做一套《中国历史故事》呢？

选题紧随时代脉搏

十九大以来，党中央一直强调弘扬中华优秀传统文化。2021 年 12 月 14 日，习近平总书记在中国文联十一大、中国作协十大开幕式上要求：讲好中国故事，传播好中国声音。对于传统文化重镇中华书局来说，就是要讲好中华五千年文明史的故事；而对于中华书局青少年读物编辑部来说，就是要为广大青少年讲好中国历史故事。另一方面，《中国历史故事》被列入语文《新课标》阅读书目中。中华书局版《中国历史故事》选题就是在这样的社会大背景下产生的。虽然市场上有非常强劲的产品，但我们觉得，林汉达《中国历史故事集》的畅销，正说明这类产品拥有巨大的读者群体。只要我们的选题做出特色，也肯定是有巨大市场的，可以做。

依托品牌，打造内容“新”特色

有了这个选题的想法，接下来需要解决的问题就是如何进行选题设计才能让产品获得读者的认可，在市场上占有一席之地。所以在考虑中华书局版《中国历史故事》的产品设计时，必须要创制出符合市场需求的、自己所独有的特色，这是这套书在选题立项时着重要考虑的。这套书的特色是什么呢？相较于中国少年儿童出版社的林汉达《中国历史故事集》，我们觉得最大的特色就是一个“新”字。中华书局版《中国历史故事》是在新时代背景下，从当代青少年阅读需求出发编辑设计的产品，更符合当代青少年的阅读习惯和阅读需求。

具体从出版者角度和读者接受的角度出发，在打造中华书局版《中国历史故事》时，我们着重突出的特色体现在四点上：一，中华书局在传统文化出版领域的百年品牌受到读者普遍认可。二，故事取材可靠史籍，讲述历史故事的形式符合当代青少年阅读口味。三，历史故事剪裁得当，既清晰展现历史脉络，又将大事件和历史名人呈现出来。四，注重知识的积累和青少年独立思考能力的培养。

一、依托中华书局在传统文化出版领域的品牌优势

由中华书局出版面向青少年读者的《中国历史故事》，具有天然优势。中华书局于 1912 年由陆费逵创办于上海，创立之初，以出版中小学教科书为主，主要服务青少年读者群体。1954 年，中华书局总部迁址北京，1958 年改为以整理古籍为主的专业出版社，在整理出版古籍和学术著作方面更有长足的进展，从而享誉海内外。曾出版《资治通鉴》《中华大字典》《四部备要》《古今图书集成》和“二十四史”等。因此，由中华书局出版的《中国历史故事》也就更可信、更专业。

二、故事取材可靠史籍，讲述形式符合当代青少年阅读口味

中华书局版的《中国历史故事》在编写之初就强调故事要取材于“二十四史”、《清史稿》《资治通鉴》等中国古代重要的史籍，故事必须个个有出处。在保证故事来源的前提下，在故事讲述方面，不照搬史籍的文言文译文，而是要用当代青少年喜爱的语言形式趣味讲述经典历史故事。故事讲述有画面感，故事中的人物鲜活，对话生动。除了文字讲述以外，书中更是插入了孩子们喜爱的 Q 版

图画，配合文字，更形象地展现故事情节，方便读者阅读和理解。

三、故事剪裁得当，清晰呈现历史脉络

“二十四史”及《清史稿》总计近3000万字，即使是专业读者都很难全部读完，更何况是我们的青少年？那么，为他们提供脉络清晰又简练的历史故事内容是非常必要的。因此，中华书局版《中国历史故事》在选题设计的时候将中国历史分成了“远古夏商周”“春秋战国”“秦汉”“三国”“两晋南北朝”“隋唐五代”“宋”“元”“明”“清”十册，原计划用300个故事讲完整个中国历史故事。但在实际编辑的过程中，考虑到总体篇幅和定价，最后成书时保留了170个历史故事，清晰呈现历史脉络，带领青少年穿越古今，漫游了上下五千年的中国历史。

在故事选取的初始阶段，作为编辑非常为难，觉得作者在目录里列出的每一个故事都非常重要，无法割舍。比如在做《中国历史故事（秦汉）》这一本的时候，“文景之治”在汉朝历史中是非常重要的，在第一次筛选目录的时候，这个故事是被编辑保留下来的，作者也完成了一个非常精彩的故事。但在稿件最后付型阶段，综合考虑整套书的篇幅，这个完整的故事还是被舍弃了，但这样的历史内容并没有被落下，而是通过编辑加工，将这部分内容在《出击匈奴，七战七捷》故事中作为故事背景交代出来。但在编辑过程中，还有像飞将军李广、苏武、司马迁、王昭君等历史名人的故事，一开始也是被选入到这套书中的，最后也是因为篇幅的限制和在呈现历史脉络方面的贡献一般而被割舍了。从编辑的角度来说，我们出版这套书是希望在读者能承受的价格内，为读者呈现中国历史清晰的脉络，让读者了解历史的框架。所以其他许多精彩的故事，虽然非常不舍和遗憾，但也只能“且听下回分解”了。

四、注重知识的积累和青少年读者独立思考的能力

在板块设置方面，考虑到青少年读者阅读、学习的特殊性，这套《中国历史故事》不仅拥有精彩的历史故事，还充分利用篇尾和页脚位置设置了“知识卡片”“名言名句”和“故事里的成语”等环节，帮助青少年积累传统文化知识。最终，全书共设置了 156 张知识卡片、81 则名言名句和 39 条成语典故，方便读者了解每个时代的日常生活、科学成就、文学艺术等知识。为了引导当代青少年积极思考，本套书还特别设置了“你怎么看”环节，125 次启发式提问，鼓励新时代的青少年勇敢表达自己的看法。

有人说，读史使人明智；也有人说，以史为鉴，可以知兴替。这些都没错儿。但对于青少年来说，阅读历史，就是了解我们的祖先、父辈，了解我们是从哪儿来的，都经历了什么，从而让我们站在当下，知晓未来前进的方向。这是我们编辑这套书的初衷。现在，这套书已经上架销售了，希望编辑的这个心思，也能传达到读者那里。

（原载 2022 年 12 月 8 日《新华书目报》，作者系中华书局办公室员工）

编辑工作要时时刻刻有读者意识

——《论语（中学生版）》编辑思考

杜国慧

初入编辑职场，认为编辑工作就是修改书稿中的错别字和病句，工作越久越发现，除了修改错别字和病句，编辑更应该时时刻刻有读者意识，做好作者与读者之间的桥梁，通过同作者和读者的双向沟通，从书稿内容、外在形态两方面提升图书成品质量，满足读者的阅读需求，完成知识传播的目的，这才是编辑工作的核心要义。

遴选稿件要有读者意识

编辑是一部书稿的第一读者。作为编辑，我们要站在不同于作者的角度，结合编辑专业的知识和调研得来的读者需求，对书稿的内容质量、行文风格等进行审视，挑选出适合读者阅读的稿件。

以《论语（中学生版）》书稿为例，这是程翔老师多年教学《论语》的课堂实践提炼。在刚拿到书稿时，通览全稿，发现整本书稿用师生间亲切如常的语言解读《论语》，通过学过的课文促进理解，联系名篇、名著进行拓展阅读，并能结合现实生活给予中学生做人处世方面的正面引导，同时又提示中学生合理继承传统文化，以适应当代社会，非常适合中学生阅读。程翔老师在写作书稿的时候非常有读者意识，他了解中学生读者需要什么，应该用什么样的风格行文读者更容易接受，这是非常难得的。编辑的职业敏感告诉我：这本书在写作的时候作者心里有读者，因此肯定能得到读者的青睐。

审读加工，为读者提供高质量、易接受的内容

书稿从内容到行文风格与读者都非常匹配，是不是修改完错别字和病句就可以出版了呢？不是。确定书稿能够出版之后，还要从文字到知识点再到导向等各个方面对书稿进行细致的审读加工才行。在通览全稿后，我并没有直接进行全稿的审读加工，而是挑选《前言》和《学而第一》两部分进行了部分审读加工。之所以选择这两部分，一是考虑到《前言》是作者对整本书的总体介绍，能让编辑快速把握全书要点；二是《学而第一》是整本书稿二十篇中的第一篇，审读了这一篇就能对书稿内容中出现的问

题有一个大致的预判，可以提前与作者进行沟通，及时进行整本书稿的调整和修改。这样做既体现出对作者的尊重，又能避免编辑人力的浪费。

下面是我在审读书稿之后就注释与解读等内容与程老师进行的部分意见交流，主要是针对中学生读者这个群体的特殊阅读需求提出的。楷体部分是程老师的反馈。

一、1.1“学而时习之”的“习”字，部编版《语文》七上解作“温习”，稿件中为“实习”，【解读】中沿着“实习”这个意思讲开去，与教材不同，但杨伯峻先生的《论语译注》中释义为“实习”。考虑到本书的作者为中学生，建议改成“温习”。

“学”主要指弟子跟随孔子掌握“礼、乐、射、御、书、数”六艺，“温习”显然不妥，容易误解为现代意义上的“温习功课”。人教社出版的另外两个《论语》版本都不取“温习”。现在很多版本解释为“演习”“实习”或“练习”。如果担心与统编本不同而引发学生或家长质疑，可加一句“也包括温习、演习的意思。”凡是这种情况都可照此处理。

二、1.4“吾日三省吾身”中“三”的解释，您给出的意思是“实指”，《语文》七上释义为“多次”，也指出另有一说。依语法分析，应为“多次”意。如为“实指”，应为“吾日省者三”，如“君子道者三”。

5.20《公冶长》中有“季文子三思而后行。子曰：‘再，斯可矣。’”这里的“三”就是实指。为了防止与统编本不同而引发学生或家长质疑，可加一句“解释为‘多次’也通。”

以上两条审稿意见是针对书稿内容与现行教材的龃龉问题提出的，在审读全稿时也有类似问题出现，经过编辑与作者的沟通，编辑加工处理上既保留了作者的研究成果，又照顾到了现行教材的观点，这类问题得到了比较圆满的解决。

三、1.10 注释部分“子禽，孔子学生”，不妥。19.25 中，子禽称孔子为“仲尼”，而《史记·仲尼弟子列传》中也没有此人，说子禽是孔子的学生有些牵强，故不如不提。

请看 19·24 “叔孙武叔毁仲尼。子贡曰：‘无以为也！仲尼不可毁也。他人之贤者，丘陵也，犹可逾也；仲尼，日月也，无得而逾焉。人虽欲自绝，其何伤于日月乎？多见其不知量也！’”所以称孔子为“仲尼”不能证明子禽非孔门弟子。有学者说子禽就是《仲尼弟子列传》中的亢禽。郑玄注《论语》及《礼记·檀弓》皆定为孔子弟子。当然，学术界有争议，无法确定究竟是不是。可以不提。

《论语》作为先秦典籍，其中的很多问题目前仍没有定论。第三条审稿意见是对学术界有争议的注释的处理方式：本着对中学生读者负责的态度，这些有争议的内容可不提的本书中不提。这类问题的处理方式也得到了作者的认可。

四、1.10 注释部分“夫子，弟子对孔子的敬称”，不妥。在这句话里，“夫子”确实是指孔子，但并不一定是“弟子”对孔子的敬称。因为凡是做过大夫的人，都可称为“夫子”。故改作“古代对男子的敬称，这里指孔子”。

在这个语境中就是对孔子的尊称，与“古代对男子的敬称”不矛盾。我同意“古代对男子的敬称，这里指孔子”的解释。

这个问题是知识表述上的问题，也得到了作者的认可。

程老师是语文特级教师，教了几轮《论语》整本书阅读，在《论语》教学方面非常有见地。我的这些审读意见有没有必要向程老师提？中华书局的老编辑周振甫先生主张对作者首先要尊重，注意向作者学习，但同时他也强调对作者不能盲从，即便作者是学界权威，也应同他们建立起“亦师亦友”的关系。他与钱锺书的编作往来被传为佳话。于是我把这些交流意见形成文字，给我们主任看，她觉得从编辑和读者的角度来谈书稿，没问题，鼓励我跟作者交流。我清楚记得上午发的邮件，当天晚上就收到了程老师的反馈。程老师平时非常忙，他不但没有觉得麻烦，反而及时沟通反馈，值得敬佩。书稿相关的和类似的问题也得到了很好的解决。

另外，在编排目录的时候，我在每一条目录上加了一个“篇”字，例如“学而第一”改成“学而篇第一”，这样能让读者对《论语》的结构——篇、章——有整体的理解和把握。

在反复几次的沟通后，书稿的正文审读顺利完成了。

根据读者需求设计图书的成品形态

正文审读完成之后就是图书样式的设计了。书稿的内容方面，作者更专业；书稿的成品设计成什么样，这个要由编辑来主导。在《论语（中学生版）》的成品设计时，编辑部根据书稿内容很明确地定位读者为中学生，以此为出发点，从书名、分册、开本、定价等各个方面对产品进行了整体设计。

孔子有言曰：名不正则言不顺。首先是确定书名，起的书名要让读者通过书名就能大致判断出这本书的内容。这本书稿交稿的时候叫《爱上论语》。编辑部考虑这本书包括两部分内容，主体部分是对《论语》原文进行注释和解读，另外一部分是对《论语》进行专题学习。《爱上论语》这个书名传递出来的信息更像是指导读者怎样读《论语》，与书稿主体内容不匹配，不合适。中华书局有多种版本的《论语》产品，结合青少年读物编辑部的产品特点，根据其内容和读者定位，编辑部最后将其归入经典名著“中学生版”这条产品线，确定名称为《论语（中学生版）》。这条产品线已经有《古文观止（中学生版）》等比较成功的产品，也有利于本书的市场推广。更名一事很快得到作者的认可。

书名确定之后，依据内容，编辑部建议将书稿的原著部分和专题学习部分各自单独成册，即这本书稿分成 2 册，用一个书号，2 册合起来定价。这样分册可以使每册的功能更清晰，突出“专题学习”这一学生特色，读者能明确认识到“中学生版”与大众普及版的区别。这个建议作者也非常赞同。

在开本和定价方面，考虑到整本书稿有三十多万字，读者是中学生，为了保护孩子们的眼睛，版式不能太拥挤。编辑部建议定为 185×260 的 16 开，定价估计在 50 元以内学生可以接受的程度。在沟通这个问题的时候，程老师觉得 16 开像练习册，坚持用 32 开。经过对各种版本的比对和调试，最终确定成品为 150×215 的 32 开。通过版式设计的调整，保证了内文编排上的清晰、疏朗。开本改变的同时降低了印张数，定价也随之降低了，由原来的预计 50 元变成了最终的定价 39 元，读者的阅读体验没有降低的前提下又得到了价格上的实惠。

编辑在稿件选择、审读加工和成品设计的各个环节要时时刻刻有读者，花心思，才有可能生产出读者喜爱的图书。《论语（中学生版）》汇集了作者与编辑对读者的诚意，期待读者的开卷检验。

（原载2022年12月22日《新华书目报》，作者系中华书局办公室员工）

书里书外

“二千年高文略具于此”：《古文辞类纂》片谈

郭睿康

1899 年，经历了甲午战争和戊戌变法，中国的命运可谓风雨飘摇。这一年，当时的进步思想家严复刚刚完成了对西方经济学名著《国富论》的翻译，并将初稿寄给知名学者吴汝纶。吴汝纶读后，一面对这部翻译作品大加赞赏，一面感叹道：

> 因思《古文辞类纂》一书，二千年高文略具于此，以为六经后之第一书。此后必应改习西学，中国浩如烟海之书，行当废去，独留此书，可令周、孔遗文绵延不绝。

吴汝纶是桐城派后劲，师从曾国藩，在那个中西方文化激烈碰撞的时代，他对中国的传统文化有着特殊的感情。他一方面觉得，学习西方文化是大势所趋；另一方面，又对传统文化的命运感到担忧。为此，他提出了一个自己的解决方案：假如将来中国的典籍都被“废”了，至少要留下一部《古文辞类篹》，让后人能够领略中国传统文化的魅力。

时至今日，我们当然知道，中国的传统典籍不可能都被“废去”，但吴汝纶对于《古文辞类篹》一书的赞誉，对我们当下学习中国传统文化，仍然具有极大的启发意义。

《古文辞类篹》由清代著名文学家姚鼐编订，精选了从战国到清代的七百余篇古文，被视为近二百年来最有影响力的古文选本。

所谓“选本”，就是从一人或多人的著作中选出部分篇章，编辑而成的书。鲁迅在《选本》一文中谈到：“评选的本子，影响于后来的文章的力量是不小的，恐怕还远在名家的专集之上。我想，这许是研究中国文学史的人们也该留意的罢。”

对传统文化的爱好者和初学者来说，选本是步入传统文化殿堂的重要阶梯。中国的古书浩如烟海，很容易让今天的读者望洋兴叹。这个时候，一部优秀的选本往往能起到“领路人”的作用。

首先，选本可以让读者在最短的时间内，对整个文学史或某一时期的文学面貌，有一个大致的了解。比如，如果初学者想要学习唐诗，若一开始就抱着一部《全唐诗》

苦读，难免会有些茫然无措。这时，不妨先拿一本《唐诗三百首》在手，就可以快速了解唐代都有哪些著名的诗人和诗篇。

其次，阅读一部优秀的选本，可以培养我们的审美鉴赏能力。在我们读过了那些最著名、最优秀的作品之后，再去读其他的作品，心中就有了一杆秤，可以鉴别哪些是好的、哪些是不好的。

因此，很多国学大师，少年时期都是从选本开始学习传统文化的。例如，钱锺书先生曾在《谈艺录》中回忆父亲教授自己古诗文的经历，有如下一段记述：

> 余十六岁与从弟锺韩自苏州一美国教会中学返家度暑假，先君适自北京归，命同为文课，乃得知《古文辞类纂》《骈体文钞》《十八家诗钞》等书。

然而，在漫长的历史中，各种古文选本层出不穷，《古文辞类纂》又何以有如此大的影响力呢？这首先是源于它的编选者姚鼐，在清代中后期拥有极高的声誉。

要说清代最有影响力的文学流派，非桐城派莫属，而姚鼐则是桐城派的集大成者。曾国藩在《欧阳生文集序》中，对姚鼐的影响力有这样的描述：

> 乾隆之末，桐城姚姬传先生鼐善为古文辞……历城周书昌永年为之语曰："天下之文章，其在桐城

乎！”由是学者多归向桐城，号“桐城派”。

除了编选者的因素，就其内容本身而言，《古文辞类纂》也有其他选本所不具备的特色。具体来说，可以总结为三个方面：广、细、精。

《古文辞类纂》所收录的篇目之广，只要与脍炙人口的《古文观止》比较一下，便可体会。同为古文选本，吴楚材、吴调侯所编选的《古文观止》，收文222篇，而《古文辞类纂》收文共计719篇，是《古文观止》的三倍有余。

《古文辞类纂》收录文章的数量虽多，却并不冗杂。相反，它对于文体的分类是十分细致的。古人的文章之学，历来重视文体，而很多古文选本，仅仅将所收之文以作者编排，使读者难以把握不同文体之间的差异。《古文辞类纂》则将所选之文分为论辨、序跋、奏议等13类，在每一类之中，再按照作家进行编排，以此兼顾每位作家和每种文体的独特风貌。

同时，姚鼐还对每一篇文章做了精心的圈点与批注，以便最大程度地彰显桐城派的文学理念。也许有人认为，这些圈点和批注只是末流小技。事实上，这种圈点和批注既是向初学者指示门径，又是桐城派“义法”的具体表现。

在《古文辞类纂》的序言中，姚鼐对自己的文学理念有这样一番论述：

> 凡文之体类十三，而所以为文者八，曰：神、理、气、味，格、律、声、色。神、理、气、味者，文之精也；格、律、声、色者，文之粗也。然苟舍其粗，则精者亦胡以寓焉。学者之于古人，必始而遇其粗，中而遇其精，终则御其精者而遗其粗者。

姚鼐认为，“格、律、声、色”虽然是一篇文章中粗浅的部分，“神、理、气、味”是一篇文章中精妙的部分。但是，“神、理、气、味”乃是一种玄之又玄的东西，初学者不容易掌握，因此应该先从粗浅的部分入手，久而久之，自然能够领悟到精妙之境。而选本中的圈点与批注，正是在向读者指示古文中的“格、律、声、色”。

自《古文辞类纂》编成后，对后世的文学产生了深远的影响。从晚清至近代，出现了很多续作，如王先谦的《续古文辞类纂》；还有一些模仿其理念和体例的选本，比如曾国藩的《经史百家杂钞》。

然而，至今也没有一部续作或仿作，能够达到《古文辞类纂》的成就。可以说，在古文选本这个领域，《古文辞类纂》是一直被模仿，从未被超越。

（原载2022年2月23日“中华书局1912”微信公众号，作者系中华书局文学编辑室编辑）

郑玄：乱世中的大儒

郭睿康

读过《三国演义》的朋友，应该记得书中有这样一段情节：煮酒论英雄之后，刘备逃离许都，占领徐州。曹操闻讯，准备发兵攻打刘备。刘备想向袁绍求援，又担心袁绍不肯发兵。此时，徐州名士陈登向刘备献策：

> 登曰："此间有一人，与袁绍三世通家，若得其一书致绍，绍必来相助。"
>
> 玄德问何人，登曰："此人乃公平日所折节敬礼者，何故忘之？"
>
> 玄德猛省曰："莫非郑康成先生乎？"
>
> 登笑曰："然也。"

这里所说的郑康成，名叫郑玄（康成是他的字）。听了陈登的建议后，刘备登门拜访，求得郑玄书信一封，寄给袁绍。袁绍见到郑玄的亲笔信，果然发兵三十万，攻打曹操。

这位郑玄老先生，虽然在全书只有这么一次短暂的出场，却足以体现出他在当时的名望。虽然没有像同时代的刘备、曹操那样，在中原大地上纵横驰骋，这位郑玄先生却用自己的方式在历史的长河中留下了名字。不过，他留下的不是政治、军事上的功绩，而是学术上令人高山仰止的成就。

郑玄生长于东汉末年，是山东高密人，他的八世祖郑崇曾经在西汉哀帝时做过尚书仆射，也算是名门之后。不过，郑玄从小就对做官没有太大的兴趣。年轻的时候，他曾经被任命为乡啬夫，主要负责当地的诉讼和税收。然而，郑玄对这份工作毫无兴趣，反而常常利用休息时间溜到当地的官办学校里去听课。他的父亲看他如此“不争气”，还经常斥责他，郑玄却依然“屡教不改”。

通过自己不懈的抗争与努力，郑玄进入了当时的最高学府——太学。后来，他又不远千里来到关中，跟随当时的大儒马融学习。所谓“师傅领进门，修行在个人”，但实际上，马融根本连领都没领，完全是郑玄自己一步一步地迈入儒学的殿堂。

当时的马融身份显贵，有弟子四百余人，其中只有五十个人有资格直接听他讲课，剩下的都是由弟子代为传授。郑玄在马融门下读了三年书，都没能见到这位名义上的老师一面。不过，郑玄并没有因此而气馁，他靠着原本就不错的基础，加上持之以恒的信念，“日夜寻诵，未尝怠倦”，在学问上日复一日地精进。

终于，崭露头角的机会来了！有一天，马融召集所有的门人弟子一起讨论当时流行的“图纬”问题。正当一众弟子焦头烂额之际，郑玄站了出来——他云淡风轻地为众人剖析疑义，条理清晰，言必有据，四百弟子霎时间哑口无言。

这一次，郑玄用他的方式证明了自己。同时，他对这个所谓的“师门”也再无幻想和留恋。他终于选择了离开。

在郑玄离开的那天，马融看着这个名义上做了他三年学生的年轻人，百感交集地对弟子们说：“郑生今去，吾道东矣。”这句话的意思，等于宣布：这个年轻人将来会成为一代宗师！

郑玄离开马融后，游历四方，十余年后才回到老家高密，一心著书授徒。此时的郑玄，已经闻名海内，有弟子千余人。

接下来，一连串《三国演义》中熟悉的名字便登场了：先是大将军何进想要重用郑玄，但是郑玄没有接受。孔融任北海相，将郑玄的家乡命名为“郑公乡”，以表彰他在儒学方面的成就。后来董卓挟持献帝，从洛阳迁都长安，也想要征召郑玄，但由于道路阻隔，亦未成功。

由于黄巾军攻打青州，郑玄不得不前往徐州避乱，太守陶谦也对他礼敬有加。据说，当郑玄再次返回家乡时，路上遇到一伙黄巾军拦路。然而对方一听说是郑玄，立刻全体恭恭敬敬地下拜行礼，并承诺绝不到高密县骚扰。

经过一番争斗，袁绍逐渐控制了北方的大部分地区，于是也想将德高望重的郑玄招致自己麾下。这一次，郑玄去了。

据《后汉书》记载，当时袁绍门下人才济济，有很多才辩之士，他们本以为郑玄只是个迂腐的老学究，于是便在一次宴会上百般刁难，想看郑玄出丑。没想到，当时已经年逾六旬的郑玄，不仅怡然自若，而且随机应变，对答如流，再一次用自己的才学征服了众人。

据《世说新语》引《郑玄别传》记载，曹操挟天子以令诸侯，定都许昌后，也想以汉帝的名义征召郑玄为大司农。郑玄应召，行至元城而卒。

在东汉末年，那个天下大乱，英雄逐鹿的时代，郑玄手里没有雄兵猛将，只靠着胸中的万卷诗书，便足以使那些王侯将相们相形见绌。

自汉武帝独尊儒术之后，学者纷纷宗尚五经之学，久而久之，也造成了宗派林立的局面，各家对于经书的注释也日趋繁复，常常让学者茫然不知所归。郑玄则集众家之所长，又匡正其弊病，开创了儒学的新局面。范晔在《后汉书》中对郑玄的成就有这样的评价：

郑玄括囊大典，网罗众家，删裁繁诬，刊改漏失，自是学者略知所归。

当时的名臣华歆就称赞郑玄说："当时之学，名冠华夏，为世儒宗。"到后世，郑玄的地位越来越高。唐代官方编修《五经正义》，其中《礼记》和《诗经》两部经书，都是以郑玄的注本为依据。正如顾炎武诗中所说："大哉郑康成，探赜靡不举。六艺既该通，百家亦兼取。至今三礼存，其学非小补。"（《述古》）

除了郑玄，东汉末年到三国这一时期，还有很多人在学术上取得了非凡的成就。尤其是在对古书的注解方面，这一时期更是大师辈出。比如阐发《公羊传》的何休、精研《周易》与《老子》的王弼、注解《左传》的杜预、训释《论语》的何晏……

无论在正史还是演义中，人们往往习惯了去谈论武将的金戈铁马、谋臣的纵横捭阖、君王的杀伐决断，而很少关注这个时代在学术上、思想上、文化上取得的成就。然而在刀光剑影之下，翰墨简牍之间，像郑玄这样的儒者，一样值得被后人铭记。

（原载 2022 年 7 月 18 日"中华书局 1912"微信公众号，作者系中华书局文学编辑室编辑）

"三全"丛书上新：医圣张仲景《伤寒论》"三全"本出版

宋凤娣

医圣张仲景的《伤寒论》被称为中医四大名著之一，其中的方剂被称为"经方"，《伤寒论》也被誉为"众方之祖，医门准绳"。我们常说医圣张仲景写了《伤寒杂病论》，可是现在中医院校开设的课程却是《伤寒论》和《金匮要略》，这三本书之间是什么关系？《伤寒论》只是讲如何治疗"伤寒"吗？其中的方剂可以治疗瘟疫吗？现代人为什么还要读《伤寒论》？

张仲景何时被称为医圣？

张仲景与华佗和曹操生活在同一历史时期。

张仲景（约150—约219），南阳郡涅阳县（今河南南阳邓州）人；

华佗（约145—208），沛国谯县（今安徽亳州）人；

曹操（155—220），沛国谯县（今安徽亳州）人。

可是在正史《三国志》和《后汉书》中却没有张仲景的传记。现在所知最早的张仲景传出自唐代甘伯宗的医史人物传记专著《名医录》。因《名医录》在宋元之际亡佚，我们仅知道北宋林亿等校正的《伤寒论》序中征引的几句：

> 张仲景，《汉书》无传，见《名医录》云：南阳人，名机，仲景乃其字也。举孝廉，官至长沙太守。始受术于同郡张伯祖，时人言，识用精微过其师。所著论，其言精而奥，其法简而详，非浅闻寡见者所能及。

虽然只有寥寥数语，这却是目前比较可信的张仲景生平资料。

与华佗生前便名满天下不同，张仲景由凡入圣经历了漫长的历史过程，对张仲景的评价直到宋代才出现关键性的转折。

北宋朝廷成立校正医书局校订刊印了大量医书，其中由高保衡、孙奇、林亿等校正的《伤寒论》于治平二年（1065）刊刻出版。出版后引起医界的极大关注，宋代医家许叔微（1080—1154）首先称颂张仲景："论伤寒而不读仲景书，犹为儒不知本有孔子六经也。"

金代医家成无已在1156年成书的《伤寒明理论》中

则明确说："惟张仲景方一部，最为众方之祖。……实乃大圣之所作也。"此后，金元四大家之一的刘完素在《素问玄机原病式》序中直接说："仲景者，亚圣也。"自十二世纪开始，在医界，关于张仲景为"亚圣"（相对于中医始祖黄帝、神农和岐伯而言）的说法开始流行，这距张仲景去世已经九百多年了。

明嘉靖二十五年（1546）由明藩唐王和地方儒医共同捐资在张仲景墓畔修建了医圣祠。1556年明朝新安医家徐春圃在其《古今医统大全》中首次称张仲景为"医圣"："张机，字仲景，南阳人……凡移治诸证如神，后人赖之为医圣。"这距张仲景去世已经一千三百多年了。

此后"医圣""亚圣"之于张仲景仍然更多是一种赞颂之词，并常常混用。由此可见，"医圣"逐渐成为张仲景的特指称号并非出于官方规定，而是"同行评议"的结果，是医界对其著作《伤寒杂病论》价值的服膺和崇礼的必然选择。

《伤寒论》里的方剂能治疗瘟疫吗？

在明代赵开美刊刻的宋版《伤寒论》中保留了张仲景的自序，其中说道："乃勤求古训，博采众方……为《伤寒杂病论》，合十六卷。"限于当时动荡的社会形势，此书在张仲景生前并没有得到广泛流传。张仲景去世后，《伤寒杂病论》很快出现结构散乱、内容佚失的情况。其间，虽经魏晋太医令王叔和整理，但主要在民间流传。直到北宋，国家诏儒臣校正医书，治平二年（1065），高保衡、孙奇、林亿奉敕校正完成专论伤寒的《伤寒论》，共十卷，二十二篇。宋神宗熙宁年间，三人又完成了专论杂病和妇科病的《金匮要略方论》的校正，共三卷，二十五篇，后世简称为《金匮要略》。由此张仲景的《伤寒杂病论》在后世分为《伤寒论》和《金匮要略》两部。其中《伤寒论》为本，《金匮要略》为用；《伤寒论》为原则、纲领，《金匮要略》为补充、条目。在实际运用中，《伤寒论》中方剂的运用比例远远高于《金匮要略》。因此《伤寒论》也成为张仲景的代表作。

张仲景撰著《伤寒杂病论》的缘起在其序中有明确表述："余宗族素多，向余二百。建安纪年以来，犹未十稔，其死亡者，三分有二，伤寒十居其七。"十几年间，家族二百余人有三分之二死去，其中十分之七的人又是死于伤寒，正是这种切肤之痛让张仲景发愤著书。

据《资治通鉴》等史籍记载，从汉代桓帝、灵帝直至献帝，在长达几十年的时间里，不时爆发大瘟疫。尤其是建安年间（196—220），瘟疫发生更加频繁，建安二十二年（217）的大疫，使"建安七子"中除早逝的王粲和被杀的孔融外，其余五子均被瘟疫夺去生命。对此，曹植的《说疫气》对这年的瘟疫惨状进行了形象的描述："疠气流行，家家有僵尸之痛，室室有号泣之哀。或阖门而殪，或覆族而丧。”张仲景的《伤寒杂病论》就写于这样的历史背景下。

那么，张仲景所说的“伤寒”只是伤风感冒吗？和当时所发生的瘟疫有什么关系呢？

其实，在古代中医术语中，“伤寒”有广义和狭义之分，如《难经·五十八难》就曾说：“伤寒有五，有中风，有伤寒，有湿温，有热病，有温病。”狭义的伤寒是指感受风寒后即发热的疾病。广义的伤寒指一切外感发热类疾病。在广义伤寒中也可以将“寒”视为“邪”，因此广义伤寒就是指风、寒、暑、湿、燥、火六淫所引发的疾病。如《黄帝内经·素问·热病论篇第三十一》所说：“今夫热病者，皆伤寒之类也。”

此外，广义伤寒也是瘟疫的雅称。孙思邈《千金要方》中曾引用《小品方》说：“伤寒，雅士之词，云天行、瘟疫，乃田舍间号耳。”因此在古代说到“伤寒”时往往也包含着四时不正之气所导致的疫病及后世所说的传染性的瘟疫。

不仅如此，明代赵开美刊刻《仲景全书》时收录宋版《伤寒论》和《金匮要略》等张仲景的有关著作，在序言中讲到其刊刻缘由：自己家乡发生瘟疫后，家中奴婢有人得到沈南昉的救治后起死回生，于是赵开美追问沈南昉“操何术而若斯如神”？沈南昉回答：“特于仲景之《伤寒论》窥一斑两斑耳！”

《伤寒论》不仅写作之初就是要解决瘟疫大流行的时代难题，而且目前最为珍贵的宋版《伤寒论》得到赵开美刊刻的直接原因也是缘于当时瘟疫的流行。明代吴又可写作中医温病学发展史上具有划时代意义的标志性著作《温疫论》，更是在《伤寒论》的基础上，进一步探究瘟疫的病因和病机，而在诊断辨证、治法方药上也充分吸收了《伤寒论》的成果，并对其中的大承气汤、小承气汤、调胃承气汤、白虎汤、茵陈蒿汤等方剂进行合理化裁和进一步发展。

2020 年全球爆发新冠疫情后，当年 2 月 7 日，国家中医药管理局发布《关于推荐在中西医结合救治新型冠状病毒感染的肺炎中使用"清肺排毒汤"的通知》，清肺排毒汤就是以《伤寒论》中的麻黄杏仁石膏甘草汤、小柴胡汤、五苓散和《金匮要略》中的射干麻黄汤四个方剂化裁组合而成。

将近两千年前成书的《伤寒论》迄今依然能护佑当代人的生命健康，是因为其论述的广义和狭义的伤寒及各种病证现在依然存在。

现代人为什么还要读《伤寒论》？

《伤寒论》作为现存最早的完整、系统的中医临床著作，以理、法、方、药相结合的形式，以望、闻、问、切为主的诊病手段，以六经辨证、八纲辨证等论治方法，不仅论述了多种外感病和许多杂病的辨证论治方案，还记述了大量中药炮制方法、煎煮方法、服药方法和注意事项以及病后护理等内容，提供了从诊断、治疗到护理、康复的全面解决方案。这与目前正在蓬勃发展的个体化治疗、精准医疗、综合医疗可谓不谋而合，因此《伤寒论》迄今仍然葆有强大的生命力。而了解《伤寒论》也成为普通人提高自身健康素养的重要一环。

其实了解基本的中医知识几乎是古代读书人的必备修养，迄今社会上还一直流传着“秀才学医，笼中捉鸡”“一个秀才半个医”等民谚。到了宋代范仲淹所谓“不为良相，便为良医”的说法，更使学医成为读书人出处进退的一种人生道路选择。与顾炎武、王夫之同被梁启超称为“清初六大师”之一的傅青主也是《傅青主女科》《傅青主男科》的作者。至于药圣李时珍画像的“模特”、京城四大名医之一的萧龙友更是弃官从医的典范。

人们常说：“为人父母者，不知医谓不慈；为人子女者，不知医谓不孝。”因此，张仲景在《伤寒杂病论》序中认为，相比于追求功名利禄，人更应该加强自身的医学修养，以达到“上以疗君亲之疾，下以救贫贱之厄，中以保身长全，以养其生”，这样当面对疾病时就不至于将自己珍贵的身体任由庸医随意处置。

《中华经典名著全本全注全译丛书·伤寒论》旨在为现代读者架设起一座走向中医经典的桥梁，为此我们约请山东中医药大学中医文献研究所原所长李心机先生进行译注。李心机先生长期在中医院校讲授《伤寒论》，并从事临床工作五十余年，具有扎实的文献功底、深厚的学术积淀和丰富的临床经验，曾出版学术专著《伤寒论疑难解读》《伤寒论通释》《伤寒论图表解》等。李心机先生注释、翻译和解读《伤寒论》时始终坚持在中国传统文化和中医文献的历史背景下，践行“让张仲景自己为自己作注释”“让《伤寒论》自己诠解自己”的学术主张。这种返回到经典文本自身的细读、诠解，纠正了中医界沿袭自金代成无己以来对《伤寒论》“半表半里”之说、“传经”之说等问题的误解，并以现代人易于理解的方式揭开《伤寒论》的面纱。

北宋理学家程颢、程颐曾经说：“明理可以治惧。”阅读理、法、方、药并重的《伤寒论》未必会让我们成为医者，但可以让我们因为了解医理，能够更好地维护生命健康，在面对疾病时可以葆有一份淡定和从容。

（原载2022年5月12日“中华书局1912”微信公众号，作者系中华书局基础图书出版中心编辑）

范仲淹身后事：《伯夷颂》的前世今生

陈若一

唐代大诗人韩愈有一首《同冠峡》诗，里面有两句说“行矣且无然，盖棺事乃了”。宋代李曾伯也有两句诗，说“盖棺公论定，不泯是人心”。后来发展出一个成语，叫“盖棺论定”，意思是人的是非功过，要到死后才能得出公正的定论。

今年是我国宋代著名政治家、文学家范仲淹逝世 970 周年。范仲淹是我们很熟悉的人物，“先天下之忧而忧，后天下之乐而乐”的襟怀，感动和激励了上千年来数十代有志之士。他的“盖棺论定”没有争议，但他有一件作品，却在后世流传当中发生了许多波折。那就是范仲淹的书法之作《伯夷颂》。

说到《伯夷颂》，也和前面提到的韩愈有关。这是韩愈创作的一篇散文，赞颂伯夷在殷亡周兴之时，宁可饿死于首阳山也不食周粟，特立独行，“信道笃而自知明”的可贵精神。范仲淹显然也是推崇这种精神并坚持身体力行的，故而当他的好友苏舜元向他求字时，他便写下了韩愈此文。

伯夷、韩愈、范仲淹，这三个名字组合在一起，简直是超明星阵容，因此这幅书法作品刚一问世，就在范仲淹和苏舜元的“朋友圈”中传播开了，大家纷纷在其后题写跋语，表达赞赏，也借机抒发志向。文彦博说“范墨韩文传不朽，首阳风节转孤高”；富弼说“夷清韩颂古皆无，更得高平小楷书”；杜衍说“希文健笔钞韩文，文为首阳山下人。宁止一言旌义士，欲教万古劝忠臣”……这些名臣题跋，也进一步增加了范仲淹这幅字的价值。

然而世事无常，在范仲淹过世后，这幅《伯夷颂》先后流入了南宋两位有名的“奸相”秦桧和贾似道手中。其中，贾似道只在书卷上加了自己的印鉴，而秦桧则题了一首小诗：

高贤邈已远，凛凛生气存。
韩范不时有，此心谁与论？

意思是说，先贤虽早已逝去，但他们的凛然正气至今仍长存世间。像韩愈和范仲淹这样的人物难得一见，那我的真心又有谁能理解呢？

其时正值绍兴四年（1134），秦桧此前因为政治斗争而罢相，甚至“诏落职，榜朝堂，示不复用”（《宋史·秦桧传》）。我们已经无法得知写下这四句诗时秦桧究竟是什么心情，但他在诗中以韩愈、范仲淹自比，无疑激怒了世人。就他的诗和贾似道的印鉴，后人展开了激烈的争论。

很多人在后续的《伯夷颂》题跋中指责秦、贾“不配”：“就中何人合愧死，九锡不是夷齐心。”（汤炳龙跋）“若桧若似道，亦虱其间，使人指画唾骂。”（郭隚跋）有人更是愤激到要把两人的痕迹从书卷中去除，以免亵渎前贤：“若桧与似道，乃宋之贼臣，公视之宜不啻犬彘，其墨迹岂可厕于其间？当削去，勿为此卷之污。”（徐贯跋）“愚欲其子孙割去之，使无污此卷可也。”（朱彦昌跋）

不过，也有人提出不同意见，认为忠奸并存，是一种警示，能让奸狡之人心生羞愧和畏惧，反省自己的所作所为：“秦、贾二公犹加敬企而珍藏之，度其心，宁无所愧？”（王雍跋）“贾秋壑似道有收藏印记，或谓当割弃之。予意忠奸并列，使阅者当下猛醒，是亦法戒之一。”（沈德潜跋）

这一段《伯夷颂》在范仲淹身后的是非，也引出了另一个问题：为什么这幅范仲淹赠与苏舜元的墨宝，才到南宋就已辗转众手，既没有保存在苏家，也没有保存在范家呢？

时至今日，我们已经很难还原《伯夷颂》早年的流传轨迹了，但从后世题跋中，尚可窥见它在元代之后的坎坷经历。

元世祖至元十四年（1277），有一个叫李戡的人，无意中在元大都得到了《伯夷颂》真迹。元成宗大德三年（1299），李戡到姑苏任职，他特意前往范家祠堂，寻访范氏子孙，将《伯夷颂》完璧归还。范氏后人一直供奉着《伯夷颂》的摹本，得到真迹之后，喜不自胜，经过一番商议，决定将《伯夷颂》“勒石传不朽”。（以上事见牟巘跋文）有元一代，有很多仰慕伯夷、韩愈、范仲淹的士子，在路过苏州时专程前往一睹《伯夷颂》真容，并留下许多题跋作为“观后感”。

数十年后，元末大乱，《伯夷颂》下落不明，很多人以为它已经在战火中被毁了。然而范氏后人竟然在军寨之中再次将之找到，迎回范家。（以上事见王雍跋文）有人不禁感叹说：“是书也，曾几何年复归范氏，非世有贤子孙，恶能珍藏之若是耶？”（戴仁跋）

然而讽刺的是，范家后人还真不都是“贤子孙”，这失而复得的珍宝，终于还是被他们拿去换钱了。幸而《伯夷颂》遇到的是一代名家王世贞，他对此物珍而重之，曾数次敦促范家子孙原价赎回，但却没有得到回应。《伯夷颂》在王世贞处珍藏十年，最终他分文未取，将之送还给了范家。（以上事见王世贞跋文）

这件事令范氏子弟深感羞愧。为了警醒后人，接受了王世贞馈赠的范仲淹十六世孙范惟一在《伯夷颂》后留下了跋语，说如果后代再有不肖子孙拿《伯夷颂》去换钱，请千万不要和他们交易。不然像王世贞一样花了钱再还回来，你什么好处也得不到；如果我们后代子孙赎不回来，你再拿去卖了，那岂不是对不起王世贞吗？（范惟一跋）这一番教育买家的逻辑也是令人哭笑不得。

但范惟一的担心绝非毫无道理，就在他写下这篇跋语后三十年（万历三十八年，即1610年），范家再次变卖《伯夷颂》。这一次又遇到了好人，云间副守朱勋将之追回，还给了范仲淹十八世孙范必溶，并告诫说，以后可要好好珍藏，你们不能总寄希望于遇到李戡、王世贞那样的人吧？（以上事见朱勋跋文）

也许是朱勋的话终于起到了作用，也许是后来范家有所起色，不至于再困窘到要出售传家宝的地步，《伯夷颂》安然保存到了乾隆年间。乾隆三十年（1765），清高宗南巡到苏州，命大臣祭拜范仲淹祠，他亲笔为《伯夷颂》题名，并命两位臣子撰写跋语。（以上事见范宜宾跋文）此后范家经营有道，岁有盈余，于是乾隆五十九年（1794），范氏子弟再次启动了刻碑计划，准备将《伯夷颂》"全行勒石"，以供更多人观瞻。

事情的后续发展令人不得不感叹，这一计划启动得居然如此及时，因为就在次年，当时范家的主奉祀者范仪炯家就发生了火灾，导致"先世手泽、祭器为之一空"，而《伯夷颂》"亦为灰烬矣"。"千年墨宝毁于一旦，闻者无不痛心”，幸好刻碑计划已完成钩摹这一步，刻石于嘉庆三年（1798）竣工，总算还是保留下了《伯夷颂》的风采。（以上事见范来宗跋文）

而即便是金石，也未必能长久保存。此后，范家遭遇了太平天国战争，祠宇全毁，《伯夷颂》碑也未能幸免，仅剩数段。幸而经过寻访，找到了早年拓本，又用旧碑进行校对，终于在光绪三十四年（1908）完成了重刻。（以上事见范学炳、范端信跋文）

《伯夷颂》在范仲淹身后引发的争议，范家对这件作品的多次失而复得，都从一个侧面说明了范仲淹和他所代表的精神对后世的巨大影响力。老版《三国演义》的片尾曲中有两句歌词："担当生前事，何计身后评。"像范仲淹这样"毅然以天下国家为己任"（朱熹《朱子语类》）的人物，想来就是这样，从不曾想过去计较后代评价，对于《伯夷颂》的"前世今生"，若当真泉下有知，恐怕也只会付之一笑。但读史书的我们却不能轻忽前贤留下的宝贵财富，即使范仲淹已离世近千年，我们仍能从他的作品中汲取力量，成就更强的自我和更好的时代。

顺带一提，2004 年 9 月，台湾学者李敖在《李敖有话说》栏目中展示了自己珍藏的《伯夷颂》，据称，此本原藏清宫，后来辗转为李敖所收。这给《伯夷颂》原本看似清晰的流传轨迹蒙上了一层疑云：李敖的收藏是摹本吗？还是在《伯夷颂》数度下落不明的过程中别有传承？

范家多次失而复得的真的是范仲淹的真迹吗？这些问题，只能留待后来者再去探寻，而在一次又一次的追索与研究当中，相信伯夷、韩愈、范仲淹的精神，也将继续激励一代又一代人。

（原载 2022 年 6 月 19 日“中华书局 1912”微信公众号，作者系中华书局历史编辑室编辑）

换你知，为我知，更懂东坡的真

刘树林

在图书市场上，苏东坡的作品永远受欢迎，中华书局2021年5月出版的《苏东坡全集》，总共八大册，在年底就实现了重印。《苏东坡诗词》（名家集评本）于2021年6月上市，首印10000册在半年时间里即已售罄，日前已二刷。

《苏东坡诗词》（名家集评本）之所以深受读者欢迎，除了跟东坡自身魅力无限、开创了诗词创作天花板的新高度有关外，也得力于后世热爱他诗词的诗人、评论家的助力。大名鼎鼎的陆游、杨慎、袁枚、纪昀等等，他们本身就是杰出的文学大家，东坡诗词的妙处，他们的感悟自然更深，评论自然更切中肯綮，能给我们这些普通读者以醍醐灌顶的启发。《苏东坡诗词》（名家集评本）的编者曾枣庄先生是苏东坡研究的大家，他将这些名家散见于各处的精彩评论资料和背景资料加以收集整理，集于一册，更是省去了我们的翻检之劳。

可以说，这些集评，就像是巨人的臂膀，我们站在上面，得以一窥东坡诗词世界之美妙。

“此心安处是吾乡”版权并不归苏东坡所有

林语堂说过，苏东坡是一个无可救药的乐观主义者，不管身处什么样的困境，都能活出意味，活出乐趣。无独有偶，有一个姑娘，她的乐观精神不亚于苏东坡，受她的感动，东坡写出了一首脍炙人口的好词。

元丰二年（1079），苏东坡遭遇乌台诗案，在被羁押了几个月之后，被朝廷贬去黄州任职。受他牵连，他的好友王巩被发配至岭南。王巩受贬时，他的歌妓柔奴随着一起去了岭南。在他们生活的那个时代，岭南的生存环境并不友好，几年后，王巩北归，当时苏东坡也回到了京师任职，挚友聚会，王巩教柔奴出来劝酒，苏东坡关切地询问这个姑娘：“岭南风土，应该不大好吧？”姑娘回答：“此心安处，便是吾乡。”苏东坡大受感动，写下了以下这首《定风波》。

定风波　南海归，赠王定国侍人寓娘

常羡人间琢玉郎。天应乞与点酥娘。尽道清歌传皓齿。风起。雪飞炎海变清凉。

万里归来颜愈少。微笑。笑时犹带岭梅香。试问岭南应不好。却道。此心安处是吾乡。

集评：

吴开《优古堂诗话·此心安处便是吾乡》：东坡作《定风波序》云："王定国歌儿曰柔奴，姓宇文氏。定国南迁归，予问柔广南风土应是不好？柔对曰：'此心安处，便是吾乡。'因用其语缀词，云：'试问岭南应不好。却道。此心安处是吾乡。'"予尝以此语本出于白乐天，东坡偶忘之耶？乐天《吾土》诗云："身心安处为吾土，岂限长安与洛阳。"又《出城留别》诗云："我生本无乡，心安是归处。"又重题诗云："心泰身宁是归处，故乡可独在长安？"又《种桃杏》诗云："无论海角与天涯，大抵心安即是家。"

回到版权问题，则"此心安处是吾乡"的版权既不归苏东坡，也不属于柔奴姑娘，而是白居易的。被这两位化用流传，可谓点铁成金，成为激励漂泊一族既温柔又有力的警策之句。

命运的事情谁也说不准，没过几年，苏东坡也被流放到了岭南，亲自来体验风土不大好的生活了，不过这位乐天派跟那位坚强的柔奴姑娘一样，依然能乐呵呵地说，只要能日啖荔枝三百颗，我就不辞长做岭南人。

东坡的悼亡词并不只有“十年生死两茫茫”一首

苏东坡是一个深情之人，他和弟弟子由的手足之情，无论是顺境还是逆境，从没有变淡过，兄弟两人总是在相互理解和扶持中一路前行，是兄弟，更是知己。对弟弟的思念和激励也是苏东坡创作的一大主题，也因此留下了诸如“人生到处知何似，应似飞鸿踏雪泥”“但愿人长久，千里共婵娟”的佳句。

苏东坡为结发妻子所作的《江城子》“十年生死两茫茫”，出语如话家常，然字字血泪，将对亡妻绵绵不尽的哀思表达得淋漓尽致，是脍炙人口的悼亡名作。不过您知道吗，苏东坡所作悼亡词还有一首名篇，也同样感人肺腑。

王朝云是苏东坡任职杭州通判时所收侍女，后纳为侍妾。苏东坡被贬岭南时，朝云执意陪伴前往，后因感染时疫病逝，苏东坡写下了《西江月·梅花》，以示哀悼。此词既以人拟花，又以花喻人，赞美花与人的玉骨冰姿，赞叹花与人高情逐云、不与凡俗同梦的高洁品性。

西江月·梅花

玉骨那愁瘴雾，冰姿自有仙风。海仙时遣探芳丛。倒挂绿毛么凤。

素面翻嫌粉涴，洗妆不褪唇红。高情已逐晓云空。不与梨花同梦。

集评：

冯金伯《词苑萃编》卷一一《纪事·苏轼西江月》：朝云者，姓王氏，钱塘名倡也。苏子瞻宦钱塘，绝爱幸之，纳为侍妾。朝云初不识字，既事子瞻，遂学书，粗有楷法。又学佛，亦通大义。子瞻贬惠州，家伎多散去，独朝云依依岭外，子瞻甚怜之。赠之诗云："不似杨枝别乐天（略）。"未几，朝云病且死，诵《金刚经》四句偈而绝，葬惠州栖禅寺松下。子瞻作咏梅《西江月》以悼之云："玉骨那愁瘴雾（略）。"

最佳损友

东坡生性幽默，不仅常常自嘲，还经常拿自己的朋友开玩笑，比如他的好友章质夫给他写了一封信，告诉他我要送你几壶酒。结果信来了酒却没到。东坡就写了《章质夫送酒六壶，书至而酒不达，戏作小诗问之》，用"岂意青州六从事，化为乌有一先生"表达自己盼酒而不得的失落。"青州从事"是好酒的代称，"乌有先生"来自司马相如《子虚赋》，是一个虚拟的人物。相当诙谐有趣。而下面这首诗的玩笑则开得有点大，把自己的好友陈季常卖得有点惨。

寄吴德仁兼简陈季常

东坡先生无一钱，十年家火烧凡铅。

黄金可成河可塞，只有霜鬓无由玄。
龙丘居士亦可怜，谈空说有夜不眠。
忽闻河东狮子吼，拄杖落手心茫然。
谁似濮阳公子贤，饮酒食肉自得仙。
平生寓物不留物，在家学得忘家禅。
门前罢亚十顷田，清溪绕屋花连天。
溪堂醉卧呼不醒，落花如雪春风颠。
我游兰溪访清泉，已办布袜青行缠。
稽山不是无贺老，我自兴尽回酒船。
恨君不识颜平原，恨我不识元鲁山。
铜驼陌上会相见，握手一笑三千年。

集评：

洪迈《容斋三笔》卷三《陈季常》：陈慥字季常，公弼之子，居于黄州之岐亭，自称“龙丘先生”，又曰“方山子”。好宾客，喜畜声妓，然其妻柳氏绝凶妒，故东坡有诗云：“龙丘居士亦可怜，谈空说有夜不眠。忽闻河东狮子吼，拄杖落手心茫然。”河东狮子，指柳氏也。

陈季常的妻子是河东人氏，古人常以籍贯代称某人，如唐代诗人孟浩然是襄阳人，人称孟襄阳；张九龄是曲江人，人称张曲江；柳宗元是河东人，人称柳河东；北宋王安石是江西临川人，人称王临川。

河东是柳姓的郡望，诗中用来暗指陈妻。狮子吼是佛家用语，以比喻威严。陈季常好佛，所以东坡借佛家语来开他玩笑。

这位陈夫人脾气不太好，对丈夫的滥情非常不满，为此应该没少发脾气。苏东坡觉得这位老友有点可怜，被老婆一吼，“拄杖落手心茫然”。

苏东坡真可以说是陈季常的最佳损友了，因为他，这位一心只想当隐士的朋友，不仅拥有了上千年的怕老婆名声，衍生出了河东狮吼这一成语，甚至被后人在各种文艺作品中调侃。

可以说《苏东坡诗词》（名家集评本）将苏东坡的诗词世界完美地展现在了我们眼前，吟咏或绝美或智慧或豁达通透的句子，发现某段背景资料帮助您进一步理解了诗意，自己的某些感悟与某位评论家的相近，其中乐趣，不亲自体验怎么能感受得到呢？

（原载 2022 年 3 月 16 日“中华书局 1912”微信公众号，作者系中华书局基础图书出版中心编辑）

作为三大处世奇书之首的《菜根谭》，“奇”在哪里？

张彩梅

近年来，讲述修身养性与处世之道的书真不算少，不过大浪淘沙后，能留下来的不过寥寥。就像曾在一段时间里大火的鸡汤文，终因华丽与煽情之语难以掩盖思想的苍白，被批为“毒鸡汤”，避之唯恐不及。《菜根谭》作为三大处世奇书之首，到底“奇”在哪里？

书名“奇”，取名有讲究

《菜根谭》中的“谭”，其实就是“谈”的意思，属于同音假借，这跟我们熟知的《天方夜谭》中的“谭”是一个意思。我们知道，给书取名是一门学问，要尽量能吸引眼球，而用菜根这常被丢弃的“无用之物”作书名，难道有什么玄机不成？

关于《菜根谭》这个书名，还真有讲究。目前流行的解释主要有这样几种：

一种来自北宋“临川四才子”之一汪革的说法：“人咬得菜根，则百事可做。”如果一个人连苦涩的菜根都能咽下，又何愁干不成事业呢？显然，这是一种很励志的解读。

一种来自洪应明的好友于孔兼在《菜根谭题词》中所说：“‘谭’以菜根名，固自清苦历练中来，亦自栽培灌溉里得，其颠顿风波，备尝险阻可想矣。”于孔兼的这番话，可以将之理解为替《菜根谭》一书打的广告，中心意思就是说，这本书的作者虽然遭遇坎坷，但能够坚持操守，历经磨难而不改初心，这本书就是他历经坎坷之后用心栽培与浇灌的“走心”之作，值得阅读。

还有一种“性定菜根香”的说法。它是乾隆三十三年（1768）三山病夫通理（这应该不是一个人名，将之理解为某人的代号就可以了）提出的，他认为菜根属于弃物，它的香味非心性坚定者不能得知，就如同这本书一样，常被人忽略，只有静心把玩者才能领会其深远的意旨。

看完以上的几种解读，再看《菜根谭》这个书名，也许就有了一种恍然大悟之感。

遭遇“奇”：冷热两重天

《菜根谭》成书于明万历年间，但在相当长的时间里，国人对它知之甚少，这本书也只能在“残经败纸”中蒙尘。而著者洪应明，学者虽经多方考证，也只得到了有限的信息：

洪应明，字自诚，号还初道人，四川新都人。年轻时曾到南京寻求仕途发展，与袁了凡、冯梦祯、于孔兼等人都有交往。由于仕途不顺，遂冷淡了追慕尘世功名之心，晚年隐居，崇敬仙佛二道。著有《仙佛奇踪》与《菜根谭》。

与在国内遇冷相反，《菜根谭》在日本却一直受到欢迎与追捧。日本不仅保存有最早的明代万历年刻本，还有层出不穷的评点与译注本，仅明治与昭和时期，就有数十个版本。

直到孙锵的出现，事情才有了转机。1915 年，浙江奉化人孙锵奉命出使日本，在京都书肆购买到了文政刻本《菜根谭》。在翻阅《菜根谭》之后，他认为此书“急功近名者服之，可当清凉散；萎靡不振者服之，可当益智膏”，于是将之校订出版。1920 年，孙锵在国内又得到另一个《菜根谭》刻本，与他之前在日本所购明刻本有诸多不同，这个本子属于后来学者所称的清刻本系统。自孙锵刻书之后，在一段时间内，国内各地也相继出现了各种翻印本，迎来了《菜根谭》刊刻的一个小高潮。

而使《菜根谭》风靡于海内外，离不开以号称日本“经营之圣”的稻盛和夫等日本企业家的大力宣传与推广。稻盛和夫曾说：“企业管理的专著可以不读，但《菜根谭》

不可不读，我的成功靠它。”

内容“奇”：人生智慧宝典

《菜根谭》是一本清言小品，它运用亦骈亦散的文字手法、格言警句的表现方式，阐述洪应明对修身、处世、待人、接物等的深刻理解与认识，书中融合儒释道思想，以心学、禅学为核心，集人生智慧与修身养性为一体。文字优美灵动，内容包罗万象。评论古今，臧否人物，杂谈事理，感悟人性，堪称处世“奇”书，智慧指南。

修身养性。“欲做精金美玉的人品，定从烈火中煅来；思立掀天揭地的事功，须向薄冰上履过。”修身须经千锤百炼，立业则要小心谨慎。风雨之后见彩虹，“躺平”不可取，也不足取。

心灵独立。“水暖水寒鱼自知，会心处还期独赏。”生活如人饮水，冷热自知，只有保持心灵独立，学会独立思考，才能更好地感受人生。

和谐家庭。家人犯了错，既不能大肆向外宣扬，也不能轻易放过，放过意味着纵容错误。如果不好直言，那就用其他事情含蓄地劝告他；如果他今天没意识到，来日再警示他，要“如春风之解冻、和气之消冰”。这不仅是说话的艺术，更是处理家庭关系的良方。

圆融处世。生活从来就不是简单的非黑即白，“好察非明，能察能不察之谓明；必胜非勇，能胜能不胜之谓勇”。坚持必要的原则和立场，处世圆融，才能维持世故与不世故间进退有度的微妙平衡。

阅读这本书，你会惊讶于纵使时光变迁，人们面对的困境却大同小异。那一个个熟悉的生活场景，让你不得不怀疑洪应明就像你身边的一位智者，冷静、耐心地指点你如何做好自己，如何涉世待人，如何过好生活。

（原载 2022 年 2 月 28 日“中华书局 1912”微信公众号，作者系中华书局基础图书出版中心编辑）

李光地易学三书：清代易学的奠基之作

石　玉

见到《周易折中》入库上市，作为责编的我如释重负。至此，李光地最具代表性的三部易学著作——《周易折中》《周易通论》《周易观象》，终于全部整理出版。

李光地（1642—1718）是清代著名的政治家、学者，其治学广泛，著述丰硕，在经、史、子、集各个领域均有作品流传于世，其中，最能体现其学术成就，对今天的读者来说知名度最高的，当属奉康熙命主持编撰的《周易折中》。该书连同《观象》《通论》，奠定了李光地在整个易学史上的显著地位。可以说，读者欲深入研究《周易》，《折中》是绕不过去的一座丰碑；欲全面了解李光地的易学思想，《折中》之外，不可不读《观象》与《通论》。

三部著作，从成书时间上来说，《通论》最早，为康熙五十一年四月，李光地时年 71 岁；《观象》次之，为康熙五十三年八月；《折中》最晚，为康熙五十四年三月（参见梅军《周易观象校笺》前言。以下引自三书点校前言者，不再逐一注明）。《折中》成书后三年，即康熙五十七年，李光地病逝。可以说，三种著作均成书于李光地晚年，是作者五十余年易学研究成果的结晶。

三种著述在成书时间上相隔如此之短，在内容上有无关联呢？

据梅军先生考证，《观象》的篇幅虽然远不及《折中》，却是李光地耗时最长方完成的作品。李光地平生好《易》，20 岁时即纂辑了一部《周易解》，对各家解《易》的异同加以条分缕析，此后的数十年始终耕耘不辍，《观象》一书可以视为作者易稿数十次的盖棺之作，较之奉敕编撰的《折中》，更能体现作者的易学思想。《观象》继承汉代费直以传解经的传统，采取了以传附经的编排方式，这与《折中》遵循朱熹《周易本义》采取经、传分离的编排方式明显不同。对经文的释义方面，《观象》与《折中》同中有异，二者互为参考，更能看出李光地本人的学术取向。另外，李光地精于音韵之学，并能够将其灵活运用于文字校勘和经义解释。

《通论》篇幅较短，全书不足五万字，该书不像《观象》《折中》那样是对《周易》原文做字词注释和文意疏通，而是更偏重总结研读《周易》时应知应会的知识点，“反复辨说，详尽无遗”，是一部极为难得的理论普及性著作。李光地本人就认为，“欲读《易》者，却当先看此编，内有须先知道方好读《易》的说话”。从内容来看，本书分为 83 个条目，其中，卷一、卷二主要阐述上下经六十四卦中的一些具体问题，如《周易》来源、卦名、卦爻、卦象、卦义、彖辞、占辞、对卦等；卷三、卷四主要论述《系辞》《说卦》《序卦》《杂卦》，涉及河图、筮法、图象、互卦及易传的思想内涵等问题。所论简明易懂，对读者确有极大帮助。通过比照研读和相关记述，可知《通论》是从《观象》中分离出来的，是对《观象》思想的理论性总结。

与这两种有意识、自主性创作的作品不同，《折中》为李光地奉康熙帝敕令编撰，其编撰思路很大程度上体现的是皇帝的意志。在《御制周易折中序》中，康熙帝称："朕自弱龄留心经义，五十余年未尝少辍，但知诸书大全之驳杂，奈非专经之纯熟。深知大学士李光地素学有本，易理精详，特命修《周易折中》。"通过这段序文，可以看出康熙帝敕令修撰《折中》的初衷以及为什么命李光地主持此项工作。序文所说的"诸书大全之驳杂"，主要谓明朝永乐年间胡广编纂的《周易传义大全》材料主要来源于宋董楷《周易传义附录》、元胡一桂《周易本义附录纂注》、胡炳文《周易本义通释》、董真卿《周易会通》四家，有采择不广、去取不当的弊病，与"大全"之名极不相称。有鉴于此，康熙帝生发了整理各家之言于一书的宏志。李光地"素学有本，易理精详"，潜心《周易》研究数十载，且与康熙帝相知甚笃，“惟朕知卿最悉，亦惟卿知朕最深”，自然是总纂官的上上之选。李光地果然没有令康熙失望，在生命的最后几年，仅用两年时间，就主持完成了《折中》的编撰工作。

根据《奉旨开列御纂周易折中总裁校对分修校录监造诸臣职名》所录，除了李光地，参与此项工程的人员还有 49 人，其中较为出名的有胡煦（《周易函书》的作者）、张廷玉、蒋廷锡等等。本书引述范围极为广泛，在《引用姓氏》中，所列“众儒”共有 218 家，自汉至明，基本上历代均有，其中较多者为：汉 18 家，唐 11 家，宋 98 家，元 22 家，明 61 家。这样一部成于众手的“官方”“速成”之作，按理说，容易沦为不够严谨的大杂烩，但《折中》给人的感觉却非常整饬，毫无驳杂之感。《御纂周易折中凡例》的第四条称：“大今所收，上自汉晋，下迄元明，使二千年易道渊源皆可览见。列朱《义》于前者，《易》之本义朱子独得也；程《传》次之者，《易》之义理程子为详也。二子实继四圣而有作，故以其书系经后，其余汉晋唐宋元明诸儒，所得有浅深，所言有粹驳，并采其有益于经者，又系朱程之后。其或所言与朱程判然不合，而亦可以备一说、广多闻者，别标为附录以终之。”本书解经方式，极好地贯彻了这一点，先列朱熹《周易本义》，次列程颐《易传》，继之以“集说”“总论”“案语”“附录”等。

由上条例言及“引用姓氏”可以得知，作者极为推崇以朱熹和程颐为代表的宋代易学。程、朱作为理学的代表人物，他们所作的《易》注，不可避免地有着极为鲜明的理学色彩，这就使得《折中》一书具有典型的以宋学为宗、理学意味浓厚的特点。尽管如此，对程、朱等宋代学者的易学观点，《折中》并非亦步亦趋；对汉晋儒者的解《易》，也并非如康熙帝在《凡例》中所言的“皆删不录”，而是折中诸家，择善而从，并于“集说”“总论”“附录”“案语”等处对朱熹、程颐的观点多有商榷、批驳、纠正之言，从而使该书既能体现、贯彻发起动议者康熙皇帝的意志，又不乏编撰者个人的真知灼见，为我们全面了解清初的汉学、宋学之争提供了宝贵的线索。诚如刘大钧先生所言：《折中》一书，虽以阐述宋易为主，从而集宋《易》之大成，但又对清儒研究汉易，起到了相当的推动作用。

总之，创作于清初康熙朝的《折中》一书，既是对以往易学研究的一次总结性整理，又为清代易学的发展打开了局面、奠定了基础、开辟了方向，对今天的读者来说，是一部不可多得的兼具史料参考价值和学术研究价值的佳作。

（原载2022年8月31日“中华书局1912”微信公众号，作者系中华书局哲学编辑室编辑）

《愙斋集古录》背后的吴门金石情

张　昊　李梅君

2022 年是清末金石学家、收藏家、书画家吴大澂（1835—1902）逝世 120 周年。2022 年 7 月，中华书局联合上海图书馆等推出新书，首次全彩影印出版上海图书馆藏吴湖帆重装稿本《愙斋集古录》（全四册），以纪念吴大澂在古文字学方面作出的贡献。

《愙斋集古录》是吴大澂的代表作，收录吴大澂自藏和同时期知名金石学家潘祖荫、陈介祺、吴云、张廷济、顾子嘉、李山农等收藏的青铜器铭文拓片 1200 余件，按器物类型分为十二卷。书中每件藏品都有详尽的释文，重要器物（如毛公鼎、愙鼎等）还有吴大澂的长篇考释文字，几乎每件器物都注明了当时的收藏者或拓片来源，为金石学、文字学研究以及书法临摹提供了重要的参考资料。不仅如此，《愙斋集古录》背后还隐藏着一段吴门三代人的金石情缘。

吴大澂 1835 年出生于江苏吴县的一个官宦世家，33 岁考中进士，一生屡任要职。他对于学术、艺术有着浓厚兴趣，作为古文字学家和金石学家，编撰了《说文古籀补》《十六金符斋印存》《古玉图考》《权衡度量实验考》《愙斋集古录》等著作，泽被学林。

1877 年，时任陕甘学政的吴大澂在西安得到了一件西周时期的青铜鼎。通过释读鼎上的铭文，他认为其中第九个字是金文的“愙”字（也就是“客”的异体字），于是将这件铜鼎命名为“愙鼎”。为了纪念这个重大收获，吴大澂特意将自己的别号改为“愙斋”，并一直使用了二十多年，直到去世也再未改过。

从十九世纪七十年代开始，他花费近二十年时间搜集、整理、考订商周秦汉时期的青铜器拓片，希望能将它们汇编为一部超越前人的金石学著作——这本书就是《愙斋集古录》。吴大澂在 1886 年写给尹元鼐的书信中说，“此《录》编成，当流传数千百年，不可草草为之”，足见期许之高。但直到 1902 年吴大澂去世，这部书也没能最终完成。此后，在吴大澂侄子吴本善和门生王同愈手中，这部未成形的著作，命运发生了第一次转折。

吴本善和王同愈大约从 1916 年开始着手《愙斋集古录》的整理出版工作。他们先是根据吴大澂遗留的手稿补录了一些考证文字，然后将编排成 26 卷的书稿交给上海商务印书馆出版。在出版前，吴本善邀请书法家、篆刻家吴昌硕题写书签；王同愈不仅本人撰写序言，还专门邀请金石学家叶昌炽作序；而商务印书馆掌门人张元济则联系到远在日本的著名学者罗振玉撰写序言并题签。可以说，为了这本书的出版，吴、王、张三人倾注了大量心血，也得到了当时学术界的鼎力支持。

《愙斋集古录》于 1918 年底出版后果然受到欢迎，不足旬月便销售一空，商务印书馆又于 1919 年初推出第二版，在 1930 年推出第三版。后两次出版时，增加了《愙斋集古录释文剩稿》一册，这是吴本善在图书出版后又辑录出来的一些释文，单成一册。商务印书馆的《愙斋集古录》，是此后一百余年间该书的唯一版本，由于印量不大，时代久远，兼之经历战乱，早已难得一见。

在吴门后人吴湖帆、潘静淑夫妇手中，这套书的命运又发生了第二次转折。当年，商务印书馆完成出版后，就将《愙斋集古录》原稿归还吴家保管。1937 年，吴湖帆、潘静淑夫妇对这部书稿又进行了一次整理，使它无论从内容还是形式上，都发生了翻天覆地的变化。

吴湖帆是现当代书画家、鉴赏家，他本是吴本善之子，两岁过继给吴大澂为孙。吴湖帆出身名门，自幼接受良好的教育和艺术熏陶，加之继承了祖父吴大澂、外祖父沈树镛的大量文物和艺术精品，使他从小便培养起超越常人的艺术鉴赏能力。虽然吴湖帆以绘画闻名，但对他而言，金石才是家学，这种绵延吴氏家族三代的金石情缘尤其表现在他对《窸斋集古录》的重编整理上。吴氏夫妇通过调整该书原有顺序，增补遗漏内容，将26卷合并为12卷；调整、补充了部分青铜器拓片；根据吴大澂手稿补录了“商务本”未收入的考释文字400余条；补钤吴大澂名印以及过录者印章等，使这部书成为与商务印书馆的《窸斋集古录》区别较大的一个崭新版本。

经吴氏夫妇重编的《窸斋集古录》手稿于二十世纪五十年代入藏上海图书馆，此后世间鲜有人知它的存在。中华书局据此全彩影印《窸斋集古录》，增加了青铜器专家周亚、美术史专家白谦慎、上海图书馆资深馆员梁颖撰写的序言、后记，用以纪念吴门三代绵延150余年的金石情缘，彰显他们为保存中华民族文化根脉所作的贡献。

（原载2022年12月8日《人民日报（海外版）》，作者系中华书局总编室副主任、文学编辑室编辑）

王闿运：一代名师的阅卷日常

吴冰清

阅卷，是教育活动中不可缺少的一个环节。教师通过阅卷可以掌握学生的学习情况，也可以将优秀的试卷作为典型范例，让学生学习领会。不过，大量的试卷批阅，也会让老师们感到快乐与痛苦兼备。其实，这种情形在晚清时期已经存在。那时，书院会将雅、精、约的优秀课卷结集刊刻，并在序言或文末有褒扬的点评，成为当时诸生的"优秀作品选"和应试范例。不过，优秀课卷毕竟难得，有时数百本课卷中都没有一篇佳作，甚至还有抄袭、冒名代写的情况。繁重的阅卷任务，也让书院讲师们感到烦闷终日，疲惫异常。《王闿运日记》(中华书局2022年版)中有大量批改课卷的记录，让我们能了解晚清名师阅卷日常的真实感受。

王闿运(1833—1916)，字壬秋，又字壬父，号湘绮，湖南湘潭人。历晚清道光、咸丰、同治、光绪、宣统五朝，于民国初年去世。是清末民初著名的经学家、文学家、史学家、教育家。王闿运一生的经历主要以治学著述和教学为主。早年虽求仕并游幕在外，但也断断续续地做了一些教育工作，如在邓辅纶家做家庭教师，就馆于山东巡抚文煜和尚书肃顺府，还在家乡石门闲居时，课读乡里，向求学者讲论经史门径。1878 年，王闿运受聘成都尊经书院，自此开始从事书院教育。之后又主讲长沙思贤讲舍、衡州船山书院。在几十年的教育活动中，培养学生多达数千人，其中不乏如杨锐、廖平、宋育仁、杨度、齐白石等近现代名人，在当时教育界和经学界拥有很高声誉。

一、名师眼中的课卷

尊经书院（四川大学前身）是 1874 年张之洞担任四川学政时期创办的，以读经为主，兼及西学。张之洞为之定下了 18 条学规。尊经书院在当时四川省乃至全国都有相当名气。1878 年王闿运受四川总督丁宝桢邀请，担任尊经书院山长，开始了他的职业教育生涯。王闿运在尊经书院期间，编订诸生的优秀课卷并刊刻出版，名为《尊经书院初集》。该书的序言对书中的文章有不俗的评价：“文必依古法，其他词赋亦皆言之有物，盖妙乎言语，通乎政事，而不悖乎德行者。”而在日记中，反映出的是书院诸生课卷一般情况。如：

光绪五年六月二十九日：夜改诸生课文，其拙劣至不可耐，而无如何也。

光绪六年四月二十一日：看课卷卅本，拟扬子云《牧箴》作《八督箴》，殊无佳者。

光绪六年四月二十四日：看课卷十余本，为王绳生改一卷，聊为诸生式，亦不能佳也。

光绪六年六月二十五日：看课卷十余本。有新繁向生，钞校《说文》一卷，多新说，不知为何人之作。依所见而取之，亦非院中上，以此知摭拾之无益。

光绪六年十一月十二日：看前课卷，王光甚有撰述之体，但文不振耳。

光绪七年二月二十二日：看课卷，发案。诸生作拟古文，殊无佳者；律诗亦多陈俗，词章成格信不易耶。

光绪七年三月二十六日：题问作诗神思，中题者甚少。

光绪八年七月一日：看课卷毕，取一本叙刘水原委者。又一题"拟《别赋》"，系欧接吾所出，竟无一佳篇。

光绪十年七月十九日：看课卷竟日，院生竟无赋手。

光绪十三年十一月十八日：诸卷中，唯唐永澍为可教，有一知《公羊》者，则尚未入门也。

船山书院也是清末著名书院。自光绪十七年（1891）

起，王闿运主讲船山书院。其间，他不仅要批改本书院的课卷，还要阅看其他书院送来的课卷。然而，湖南本省课卷的情况，也少有令他满意的，类似“无佳者”“无甚佳者”“殊少佳者”一类的用语，在日记中屡见不鲜。

光绪十九年四月十七日，王闿运阅看常宁送来的课卷，“一望黄茅白苇”，单调无新意，他感叹“宋儒之汩没”。光绪二十年三月二日，王闿运看卷百余本，没有佳者；五日，“看卷六十余本，翻阅百余本，无甚佳者”。面对如此低质量的课卷，王闿运禁不住批评诸生“愈多妄人，胆大心粗，真不可教”。课卷数量太多，质量不高，王闿运想要亲自动笔改动也是有心无力，阅卷只得“草草毕之”。王闿运看卷较多的一次是在光绪二十九年五月二日早上，日记记载：“晨看课卷三百余本，两包已全阅，无一佳者”，他甚至惊诧：“不料湘省文学退步如此之速！”一次批阅数百本课卷，都没有可取佳作，郁闷的心情可想而知，成就感更是无从谈起，难怪王闿运在日记中自嘲：“终日不抬头，为此无益，可笑也。”

王闿运阅课卷少见佳作，或许与他对文章的要求与眼光的高低有关。光绪十三年七月初一日日记载：“看王生课卷，余以为极庸者，陆学使以为开拓心胸，推倒豪杰，拔之第一。眼力相去悬绝，重阅之亦自可取，非盲称瞎赞也。”

诸生课业水平没达到要求也就罢了，王闿运还在阅卷时，发现有抄袭、冒名顶替的情况。如：

光绪二十四年三月初六日：看课卷，周尚德论富弼，甚有词藻，及再阅他卷，乃钞袭来者，殊可怪叹，此题亦有可钞袭，则无所不有。

光绪二十四年七月十二日：阅经课卷毕，定等第，第一诡名曰王守义，又一诡名曰鲍旁，不知何取。

佳作难得，又有作弊情况，王闿运对课卷的真假性，格外留心。如：

光绪六年十二月十九日：复阅课卷，得闵生卷甚佳，殊不似其手笔，颇为疑讶。

光绪十九年五月十一日：看课卷，"盛德"一本甚佳，不知其人，取其遗卷看之，非假手也。

光绪二十六年九月十三日：陈郎送赋来看，居然成章，疑有假手。

当然，课卷当中也不乏佳作，但是数量较少，甚为难得。遇到这种情况，王闿运心情就会愉悦起来，情不自禁地发感慨。有时是对诸生课业进步、课卷稍能过眼的感叹，如"看课卷，稍有长进，无胡说者矣"（光绪十七年七月七日），"看耒阳课卷，稍已成章，文诗亦有佳者"（光绪十九年正月初八），"看课卷毕，此次不佳者颇少，院生皆列正取，罕有之事也"。有时是对自己循循善诱颇具成效的自喜，如“看浏阳课卷，已有五六本佳者，自喜诱导之功”（光绪十年三月二十一日）。不过，感触最深的还是树人育人之难：

光绪二十六年三月二十七日：更看院生课卷，有五本佳者，十年之效也，磨砖作镜，无此难矣。

光绪二十九年七月初六日：看本书院课卷，劣者犹胜省优等，自喜十年有效，半日而毕。

二、繁重的阅卷任务

如果说课卷质量优劣，会影响王闿运的心情与成就感，带来精神上的折磨，那么庞大的课卷数量和繁重的阅卷任务，就是对他肉体上的摧残。王闿运在日记中对每日阅卷的数量有许多记录。

正式履职尊经书院的第一周，王闿运在光绪四年二月二十九日，“改课文二篇，课卷一本”。次日，看课卷数本。三月初一日，“评改课卷廿八本”。初二日，“评改课卷四十八本”。初三日，“评改课卷十本”，晚上又“改课卷七本”。之后的几年，每日阅卷数量多维持在数十本。如光绪五年六月初七日，“看课卷卌本”，次日“看课卷六十本”；七月十七日，“看课卷六十本”，二十日，“专看课卷七十余本”。较多的一次是在光绪十年六月十二日，“看课卷七八十本”。

王闿运从尊经书院离职，回到湖南继续从事教育事业，每日阅卷数量不断增长。尤其是主讲船山书院期间，还要兼看其他书院的课卷，阅卷数量最多一日可达数百至千余本。光绪十二年二月二十八日，“道署送课卷来，百七十四卷，晨起为翻阅一过，午后始毕”。光绪二十年三月初六日，“晨起翻卷二百余本”。光绪二十五年三月十二日，“看石鼓甄别卷百余本”，十三日，“翻三百余本”，十四日，“阅卷四百本，千卷毕览矣”，十六日，“大校千卷”。五天内阅卷数竟达一千八百余本，身体疲劳度可想而知，以致王闿运不得不推掉再次送来的课卷。

从上述情况来看，王闿运一日阅卷数量从数本、数十本，到数百本甚至千本不等。数十年如此，看课卷已成为他日常生活的一部分。批阅数量繁多的课卷，无疑是杀时间的利器，往往令王闿运无暇顾及他事。看课卷“竟日”“未暇”成为日记中的经常出现的词语。如：

光绪七年七月二十八日：看课卷竟日，殊劳于寻检。

光绪九年六月初七日：看课卷竟日。

光绪九年八月二十八日：日阅览课卷竟日。

光绪十年六月十三日：看课卷毕，发案，甚烦倦，未暇余事。

光绪二十九年五月初一至初八日，王闿运连续看课卷，以至无暇他事，“看本院课卷卅一本，校阅事毕，已八日不事矣”。次月又有一包课卷送来，王闿运直至月末才看完，日记记载：“此月疲于校阅，茅塞心矣。”

然而，王闿运名声在外，不断有课卷送来，课卷积压让他颇为着急，“夜见课卷积压，心颇着忙”。为了完成阅卷任务，有时要忙到深夜乃至通宵达旦。光绪九年十一月二十八日，“据独榻看课卷，至三更犹未毕”。光绪二十四年十月十二日，“看本院课卷廿余本，终旦而毕”。有时还得在旅途中看课卷。光绪二十年二月二十八日，“至午乃行，犹不能进，复舣舟久之。阅卷卌本。行百里，泊火镰滩，鹿角对岸地”，二十九日，“江行甚快，午初舣岳阳楼下，舟人促发，又未拢岸，不能与洞宾具汤饼。阅卷十本，毕览矣，无甚佳者”，三十日，“午后至宝塔洲，不复能行。课卷阅毕，一无所事”。甚至不得不请学生帮忙，如光绪十三年五月初三日，“令吕生代阅课卷”。据说王闿运的学生杨度也曾参与过阅卷。

王闿运执教尊经、船山书院，已是中晚年，体力早就不如从前。繁重的阅卷任务，竟日阅卷，会让他感到身体疼痛，疲惫不堪。

光绪八年三月二十三日：晨起看浏阳课卷，竟日伏案，犹甚竭蹶。

光绪十年五月十八日：得湘石书，看课卷三四本，即过一日，甚矣吾衰也！

光绪十六年六月八日：看课卷，欲以一日了之，竟不能久坐。坐看百本，起行已觉背痛。

阅卷是王闿运从事教育事业的日常工作之一。繁忙、充实、琐碎、烦闷、疲惫和偶尔的欢欣，伴随着王闿运近四十年的阅卷过程。正是在这日复一日、年复一年的过程中，王闿运辛苦付出，终于培养出众多优秀学生。《王闿运日记》作为晚清四大日记之一，除了反映近代历史变革、名人交往轶事、社会风俗、诗文创作外，还保留大量关于近代中国书院教育、学人治学传道的史料。王闿运学识渊博精深，先后主持多个著名书院，日记留下了十分丰富的教育工作信息，反映出晚清一代名师的风范。作为一名教育工作者，王闿运为学生培养、文化传承投入了大量的精力和长久付出，文章仅仅为他教育活动的一个侧面。他的教育经验、方式和理念，至今仍有值得借鉴和学习之处。

（原载2022年6月13日“中华书局1912”微信公众号，作者系中华书局近代史编辑部编辑）

“四重证据法”还原印刷史真相

——评《中国印刷史新论》

贾雪飞

作为四大文明古国之一，中国有着悠久灿烂的物质文明，技术发达、工艺先进、产品丰富。但是由于古时掌握知识和话语权的文人阶层认为技艺是不登大雅之堂的雕虫小技，文献中对技艺、技术的记载微乎其微。体现在出版印刷领域，虽然我们是印刷术和印刷史的故乡，但留存下来可供研究的材料却屈指可数，这让今天的研究者时有捉襟见肘之感。

经过几十年的努力，当今中国印刷史研究在学科建设、史料发掘、研究方法等方面均大有建树，但限于材料，很多研究只能原地徘徊，部分现有的研究成果也存在进一步讨论的空间。更甚者，因为可用材料有限，研究者或有因为对材料的不同解读而成分裂的阵营。艾俊川《中国印刷史新论》提出研究中国印刷史的“四重证据法”，犹如一声呐喊。他强调对中国印刷史的研究，要把文献记载同实物考察、科学检测和语言学词义辨析研究结合起来进行综合判断，这样才不会限于“视野盲区”和“语言陷阱”。

用实物细节辨别“活字”与“铜版”

艾俊川在肯定了当今印刷史研究的成绩后，指出了印刷史研究和任何学科的研究都存在的情况——未解决的问题和已经在研究讨论但结论仍需要进一步补充订正的问题。在他看来，导致目前印刷史研究不足之处的原因，既有缺少材料的客观因素，也有研究者“视野盲区”的主观成分。

艾俊川所指的“视野盲区”，是指对待已有材料，过于依赖文字记载，而忽视实物材料。他认为“印刷史是一门技术史，研究技术和工艺的兴废变革，与单纯的文史研究比起来，其研究对象和论证依据更加丰富，既有实物，又有文献。实物包括印刷工具和印成品，文献则包括对技术、工艺的说明和一般记载”。他特别强调印刷史研究不能缺少实物研究环节，正如他在书中用大量的实物细节来证明“活字”和“铜版”问题一样。

在“实物考察”环节，艾俊川将古籍的版本和鉴定知识融于印刷史研究，他通过古籍版面上的断裂线、板框框线的宽窄、平滑度、断裂痕迹以及文字的字形、笔画、气孔、砂眼等方面来做对比研究，以大量的实证信息判断是雕版还是活字印刷，是铜版、木板，还是铜活字、锡活字，这样的功夫令人叹服。

比如在“运用雕痕特征鉴定金属活字本”一章中，艾俊川从木头和金属的物性、木字与金属字的制作方法以及它们在纸上印痕的不同，来鉴别“铜活字本”。他以《武元衡集》为例来分析说明。

从大处看，《武元衡集》的版面版框围合严密，未出现木活字常见的遇水膨胀进而导致版框四角散开的情况。而且版心鱼尾面积缩到最小，与弘治、正德时的大黑口对比强烈。这是为了避免因金属拒水导致墨色不匀。从细处看，将文字放大，会发现一些活字的笔画被分成两段，并且左右或上下错位。如“古”字，竖画断开，左右错位；“夫”字，长撇和下面横画均断开、错位；“生”字，一竖断为三截，连不成直笔……而用木头雕刻的字，很少看到这种情况，究其原因，这是金属活字在雕刻时受物性和技术所限产生的瑕疵。同是雕刻，木字在遇到笔画交叉时，往往刀锋会通过交叉点，将相对的笔画刻断……而雕刻金属，薄刃的刀无所用力，需要使用刀凿锤击錾刻，刀凿刃厚，行迹皆为楔形，特别是金属没有弹性，无法弥合刻痕，雕刻时必须避免将笔画刻断……从这个原理看，上述《武元衡集》中活字的笔画断开、错位现象，符合金属雕刻的特点。

从艾俊川所做的研究分析，他所说的“视野盲区”，其实更像是专业壁垒，是研究者因知识和视野限于本领域不能博通的缘故。从这个意义上来说，跨越视野盲区，培养精专且博通的学者，任重而道远。

白纸黑字的记载也有很多“语言陷阱”

“语言陷阱”是艾俊川强调的第二个问题。他指出，学者在利用文字材料时，如不能对古人所言所记的真实性和真正含义进行考实，就会落入“语言陷阱”，误导研究结果。“古今语言虽有延续，语义却在不断变化，再加上文言浮夸不实、含义模糊，令人不能准确理解，容易形成误读和误解。这可分为几种情况：一是某些词语的含义古今不同，令人失察导致误读；二是古人作文喜用典故，或使用习惯语言来形容新生事物，用词不准确导致误解；三是语出多歧，对同一事物有不同记载，令人难以抉择。”

文献材料容易导致的语言陷阱到底有多危险，他举了一个文献记载中看似明确，实际却全然相反的情况。

清人林春祺制作铜活字印书，自己屡称“镌刊”“刻有楷书铜字”等，从文字上看，其铜字系雕刻而成拥有“铁证”，实际上他的活字每个字的字形高度一致，是用模具翻铸的。“镌”“刻”云云，只是林春祺沿用的当时出版印刷业的习语，并非对技术的实际说明。

艾俊川在《再论“铜板”一词同“监本”》中强调，

明清语言中的“铜版”不是代表铜制印版，更不是铜活字版，而是代表“定本”，表示“不可更改”的意思，“铜版”与“监本”是可以互换的两个词。他大量引证明清文献和世界各地图书馆所藏古籍为例，说明在明清时人心目中的“太学”（国子监）所刻书即为“铜版”之书。由此上溯明以前那些与出版有关的“铜版”传说更是令人存疑。

在厘清明清“铜版”的“语言陷阱”的同时，艾俊川提到另外一个问题——虽然明清书坊将“铜版”与“监本”混为一谈，但并不表明那些印上“铜版”二字的书真的就是根据监本翻刻的，或者与国子监有什么关系，相反，很多标榜“监本”的书，与国子监也没有关系，它们只是书坊浮夸的广告语。

有“白纸黑字”的记载都难以作为可信任的研究凭据，可见中国印刷史研究中的“语言陷阱”无处不在。所以，要还原历史真相，必须以实证为桥梁。所幸的是，“中国印刷史研究虽存在工具缺失、文献记载不足的困难，但也有一个巨大优势，就是拥有书籍等巨量印刷品。它们是印刷技术的直接产物，其墨痕印迹保存了工具、工艺的各种细节，足以在研究中发挥重要作用。”本书正是这种研究思路指引下的著作。

考证研究历来是学术研究的基本方法，但读完艾俊川《中国印刷史新论》，其践行的“四重证据法”令人震撼——他做研究的证据不仅涵盖了印刷史文献，也包括了古籍版本学、语言学、博古考证及印刷工艺技术等几个专精领域的学问。以笔者之见，艾俊川强调的跨越研究的“视野盲区”和“语言陷阱”，与其说是对印刷史研究的新突破，不如说是对整个学术研究的新思路指向。

二十世纪，王国维倡导的历史研究“二重证据法”已深入人心，在古器物研究中，有学者提倡“三重证据法”，即从文献记载、目力观察和科学检测三方面入手寻找证据。如今艾俊川从印刷史研究的角度提出了“四重证据法”，是学术思想在新时代的进步。在多种方法下得到多重证据架起实证之桥，是学者当有的严谨态度和求真精神，只有这样，才能引导我们跨越“语言陷阱”和“视野盲区”，接近和还原历史真相。

（原载2022年4月16日《光明日报》，作者系中华书局上海聚珍文化传媒有限公司编辑）

黄土洞天，山中日月：《椿树峁》的知青记忆

李若彬

2022 年 5 月，北京疫情反复，居家办公期间，因一位同乡师长的推介，我读了《乡学》。身为西北人，我常眷念故乡人情风土，但此中滋味，难为外人道，乍见这样声口亲切的文字，难免贪心大起，又一气读完了《椿树峁》。作为一部回忆知青岁月的散文集，《椿树峁》并不怨天尤人，也鲜有燃烧的激情，而是用一种近乎白描的手法，画出记忆中的人和事，点染之间，自有一种醇厚韵味，让读者在不知不觉间，沉醉其中。

人情之美

《乡学》一篇里，乡人的尊师重道在那个世道不古的年代给作者带来了莫大的慰藉。给老师的小米白面红鸡蛋，都是乡里的精细吃食，派饭争先恐后，唯恐吃不到自

家来。无论是自家娃娃点灯熬油地做功课，还是谢老师要考大学奔前途，都是乡人眼里的头等大事，绝无二话。下了讲台，这些十多岁二十来岁的北京学生又被乡人当自家晚辈一样照护，没水喝有人给挑，扛粪给派最近的路，有酒喝“不敢漏掉一个”，吃席要坐第一桌，平日里没饭吃，自有邻家银铃般的女儿们笑着闹着做好了就跑，俨然窑洞里的田螺姑娘。桩桩件件，都是琐事，但在那个贫瘠的环境里，这些细碎的温暖，已足见乡人的一片深情厚谊了。

知青们扎在椿树峁，打交道的除了乡人，还有北京来的支延干部。在作者的笔下，他们好像“三十年代的老知识人”，又像“家中族中可敬长辈”，为这些素昧平生的年轻人尽职尽责地奔走，不放过一线机会。即使最后并未受惠，多年后想起，仍觉得与他们相遇一回“是福气”。想来干部们宽厚亲切的长者之风，对那些身在异乡、前途未卜的年轻人，多少总算抚慰。

知青们之间的互相帮助更是毫无保留。苦闷岁月里，有书要互相传阅，自不必说，曙光初现，有了考大学的消息，也一定互通有无，为彼此出主意。柏林工大的帕普教授恐怕永远也想不到，他的中国学生早在几十年前的陕北窑洞里就经历了人生的第一次 seminar，主题是怎样才能考上大学。刨土豆不耽误温习量子光学，积分也可以拿来算猪槽容积，知青们靠着这一片朴素又炽热的向学之心，彼此温暖，各自挣扎，像某种无名的草籽，即使不幸落在了石头缝里，也要想尽一切办法，吸收每一寸阳光雨露，顽强地生长。捱过艰难时日，诚然要靠乡人的照拂，靠干部的提携，但归根结底，知青们靠的还是自己这一寸不灭的心气儿。

艺术之美

《椿树峁》主要回忆知青岁月，也间有讲述作者童年生活和日后的异国生活的片段。无论是在陕北的窑洞里、北京的家中，还是欧洲的大学校园、乡村小镇，作者总能留意到身边形形色色的艺术，总能在不同的生活境遇里，从艺术中得到享受，看到希望，这与自小的家庭熏陶不无关系，更重要的是，作者始终有一颗体察生活、感受生命的心。佐 Courvoisier 的巴赫和下烧酒的信天游，一样有打动人心的力量。贝多芬创作《月光》时也身处困厄，因而才能让作者在窑洞里有了共鸣，念起心中的迦南美地。小时候看过的印度皮影，直到二十年后孤身一人坐在异乡的黄土峁上，又忽而浮现，才明白那是自己对背井离乡、亲人远别的最初印象。说书老汉弹的三弦、唱的罗成，逢年过节热热闹闹的道情、眉户，都带着黄土高原特有的朴实和泼辣，只有那样的土地才能孕育出那样的艺术，作者身处其中，自然而然地受其熏染，喜欢上浅白质朴的元曲，也就顺理成章了，毕竟，无论在萃华楼饭庄还是柏林工大的校园，读《高祖还乡》总有些格格不入。

用诗人的话讲，作者走过许多地方的路，行过许多地方的桥，大约也听过了许多地方的歌，它们或庄或谐，歌哭笑骂，各具情态，惟其可亲可爱，并不因外境的流转而变化，也不因时间的流逝而冲淡，而这，正是伟大艺术的恒久魅力。

自然之美

记得高中地理课本说，黄土高原最大的特点是沟壑纵横，但只有真正到了万米高空，你才能对这几个字有直观的理解。作者在《一万米高空》里仔细描述了这种感受，从日常生活的狭隘、逼仄的视野里挣脱，陡然升到万米高空，无数沟壑纵横的黄土山梁沉默地撞入眼帘，它们就像布满大地的血管，看似贫瘠，但你知道它里面无时无刻不在涌动着生命，你也知道，你原本和它一样，是千百年不息的大风夹带的一粒尘埃。大自然显露它最原始、最无可遏止的力量，使我们不能不意识到自身的渺小，不能不明白，我们，本就是与它一体的。

陕北的小雨，也给作者留下了独特的回忆。有一种研究认为，在原始社会，下雨意味着不用外出狩猎，人们在温暖干燥的山洞里整理物资，互相梳理毛发，抚育幼儿，是难得的与同伴相处的时光，所以下雨天能给人带来某种奇异的平静，这是刻进人类基因里的安全感。对本书作者而言，黄土高原上的下雨天，意味着不用出工，可以读书，这当然是更现实的恩惠，所以对下雨天也平添一份好感。在蒙蒙细雨的笼罩下，灰头土脸的窑洞也可爱起来。

虽然物质贫乏得可怜，但作者在椿树峁感受到的诸般美好并不因之逊色，甚至可以说，在优渥的、庸常的城市生活里，未必有机会领略，只有物质极端匮乏的环境，才能促人去咀嚼这些幽微况味。所谓清风朗月不用一钱买，风物如是，人情亦如是。

当然，这一切是被迫的，不过作者的笔调并未因此而悲戚或愤慨。一则出于趣味。用作者自己的话讲，“太露”就“小气”了。情绪藏在几个小伙子酒后高声背诵的《讨武曌檄》里，藏在对地质学家爷爷的思念里，闲闲一笔，点到即止。二则出于胸怀。作者认为那是生命中一段“太过特殊”的岁月，固然是蹉跎青春，但也很难说那一片高天厚土在多大程度上塑造了今日的自己。作者在那里学会了整背子、耩地、起圈、打场，在那里爱上了延安烧酒和肉粉汤，在那里教学生、读古书，即使有招工的机会，也因为不愿委屈了自己的心，并不急着离开，颇得当地人顺天应命的神髓。细味起来，这些追忆旧日的篇什，隐然有《赤壁赋》风味，椿树峁上的岁月之于作者，正如黄州惠州儋州之于坡公，只是几十年过去，世上已无椿树峁，若问平生功业，又该向何处算？

（原载2022年9月11日“中华书局1912”微信公众号，作者系中华书局大众图书出版中心编辑）

学林散叶

邵循正与古籍整理出版

齐浣心

邵循正是我国著名历史学家，在蒙元史研究方面颇有建树。二十世纪三十年代，邵循正从清华大学毕业后被选送到欧洲留学，师从伯希和等人，因精通英文、法文，熟悉波斯文、蒙古文，对突厥文、女真文、满文亦有涉猎，加之深厚的史学功底，邵循正颇得伯希和赏识。邵循正归国后即任清华大学教授，时年不到三十岁，是清华大学最年轻的教授。因其精通多门外语，翦伯赞"关于同化与融合两个名词的外文含义"，曾请教邵循正。1958 年，邵循正被列入古籍整理出版规划小组历史分组成员，与诸多古籍整理专家，共同为我国古籍整理出版事业的发展做了大量工作。

担任"中国历史小丛书"编委

1958 年，北京市副市长、古籍小组成员吴晗倡议为青少年编写一套历史小丛书，作为课外通俗读物，以期向社会大众传播历史知识、进行爱国主义和历史唯物主义教育。吴晗邀请古籍整理出版规划小组办公室主任、中华书局总编辑兼总经理金灿然，中华书局副总编辑李侃，北京教师进修学院院长陈哲文，北京市教育局副局长胡朝芝等人一起商讨编写出版的相关事宜，并确定由吴晗担任主编，邵循正与尹达、金灿然、白寿彝等 24 位专家组成“中国历史小丛书”编委会，中华书局承担出版工作。

邵循正与吴晗是清华大学同学，毕业后二人在西南联大期间共事，是私交甚笃的老朋友，此番为编写“中国历史小丛书”，又有了工作上的交集，自然合作十分默契。

当时计划将“中国历史小丛书”编选出版 200—300 种，规模庞大，涉及选题领域十分广泛，初步分了几大类：史前文化和重要历史事件、经济文化生活专题史话、重要作家和重要作品、历史人物等。为提高小丛书编写、出版的速度，编委会的专家基本都参与到撰著工作中，吴晗亲自承担了《海瑞的故事》的编写工作，邵循正承担了《袁世凯》《晏婴的故事》的写作任务（笔名秋楠）。此外，还有贾兰坡《中国猿人》、翁独健《成吉思汗》、侯仁之《徐霞客》、潘絜兹《绘画史话》、何兹全《祖逖北伐》、戴逸《北洋海军》等，开创了大家写小书的先河。“中国历史小丛书”的每本小册子虽然字数只在两三万左右，但要在这样较短的篇幅内，完整地介绍一个人、一件事，语言还要通俗易懂，对每一位作者来说，都不是一件容易的事。

邵循正作为编委会一员，还以参加会议、座谈等形式，参与“中国历史小丛书”的选题内容、编纂主旨、具体要求等方面的确定，提出：“要求书的内容立场、观点正确，史事叙述的革命性和科学性的统一，文字通俗、生动流利。都附以必要的插图，要求做到图文并茂，读者爱读。”

在诸多专家学者、中学教师及中华书局的共同努力下，1962 年 10 月，“中国历史小丛书”出版一百种，中华书局专门在人民大会堂召开了丛书编委扩大会议暨庆祝大会。主编吴晗在会上说，编辑出版这套通俗历史读物，“一方面是为广大青少年普及历史知识，一方面通过历史人物和历史事件，进行爱国主义和历史唯物主义教育。”《人民日报》《光明日报》等媒体都作了系列报道。

邵循正与吴晗虽然是多年的老朋友，但在吴晗担任重要的领导岗位后，自己也与吴晗保持距离。而在吴晗因“海瑞罢官”一事遭到批判后，邵循正反倒顶着压力三次去看望吴晗。这也能见出邵循正一身正气、为人仗义。

关于成吉思汗的学术探讨

在二十世纪六十年代初，曾掀起一轮关于成吉思汗的学术讨论热潮，《历史研究》《文史》等国内重要学术期刊连续刊载多位专家学者的文章，如1962年第1期《内蒙古大学学报》刊载了周清澍的《成吉思汗生年考》和亦邻真的《成吉思汗与蒙古民族共同体的形成》，1962年《历史研究》第2、3、4期连续刊载了邵循正的《成吉思汗生年问题》、韩儒林的《论成吉思汗》、周良霄的《关于成吉思汗》、商鼎的《马依斯基院士论成吉思汗》等文章，1962年第8期《江汉学报》刊载了刘孝瑜的《成吉思汗与蒙古各部的统一》，1962年第12期《历史教学》刊载了杨志玖的《关于成吉思汗的历史地位》，1962年第10期《文物》刊载了东堂的《成吉思汗画像跋》，1964年第4期《新时代》刊载了白宝瑾的《成吉思汗的心理作战》，1964年第11期《新时代》刊载了白宝瑾的《成吉思汗对人力智力的运用》，1969年第9期《新时代》刊载了李则芬的《耶律楚材与成吉思汗》等。

其中邵循正的《成吉思汗生年问题》一文，观点明确、征引广博、论证严谨，且成文较早，对明确成吉思汗的生年起到较为重要的作用。邵循正在文中开篇即明确提出："关于成吉思汗的生年，中外学者有不同的意见，我以为应以《元史》所记为准。"为阐明自己的观点，邵循正旁征博引，引用、参考的我国古代典籍有《辍耕录》《亲征录》《蒙鞑备录》《宋季三朝政要》《元史》《蒙兀儿史记》《元史译文证补》《新元史》等，蒙古民族三大历史著作《蒙古源流》《蒙古黄金史》《元朝秘史》更是在邵循正的视野范围内。此外,《多桑蒙古史》(法文)、《集史》、《世界征服者史》、《史选》、《伊斯兰百科全书》、《大正新修大藏经》等，也为邵循正所参考、论证、引用。最为难能可贵的是，邵循正在文中还以详实的资料作为佐证，对他留学欧洲时的导师伯希和认为“成吉思汗生于1167年”的观点进行了有力反驳。

在邵循正等多位专家学者的充分论证下，确定了成吉思汗生年不是1155年，也不是1167年，而是壬午年(1162),也即1962年是成吉思汗800周年诞辰。1962年6月22日到29日，内蒙古自治区历史学会在呼和浩特举行了纪念成吉思汗诞生800周年蒙古史科学讨论会。邵循正与金灿然、翁独健等二十余位从北京、天津、山东、武汉、陕西、青海、吉林等地赶过去的历史学家和青年历史工作者，与内蒙古自治区蒙古族、汉族、回族、满族史学工作者共同参加了会议。在这次学术会议上，曾就蒙古史研究、出版工作问题专门进行了一次座谈，会上邵循正提出重新整理《元朝秘史》并译成汉文的计划(二十世纪三四十年代，邵循正曾完成这项工作，惜译稿在战乱中遗失),得到中华书局总经理金灿然的支持，邵循正还提出由内蒙古大学的周清澍担任他的助手。这项工作如果完成，将极大推动我国的蒙元史研究，但因为历史原因，邵循正去世前《元朝秘史》的整理、汉译工作没有开展下去。直到2012年，在周清澍的学生乌兰主持下，完成了

《元朝秘史》汉译本的校勘工作，并在中华书局出版，这是对邵循正、金灿然等前辈学者的最好纪念。从邵循正到周清澍，再到乌兰，也能看出我国元史研究的学术传承。

参与整理点校《元史》

邵循正担任古籍小组历史分组成员时，我国第一个古籍整理出版规划制订并实施，其中整理点校“二十四史”即纳入其中。众所周知，“二十四史”是中国古代各朝撰写的二十四部史书的总称，1958 年由中华书局组织专家开始整理点校，至 1978 年历时二十余年完成全部整理出版工作。中华书局出版的这套“二十四史”整理点校本，成为代表中华人民共和国古籍整理出版事业最高成就的标志性成果，享有“国史”标准本的美誉。

邵循正作为蒙元史专家，1967 年 6 月被借调到中华书局参加整理《元史》，据何兹全《爱国一书生·前四十年自述》（中华书局，2006 年，第 2976 页）记载：“这时已在中华参加标点廿四史的和陆续来报到的有：唐长孺、姚薇元、陈仲安、高亨、邓广铭、邵循正、许大龄、张政烺、陈乐素和我等人。”但很快，不到五个月，也即 11 月邵循正又被北京大学召回，理由是需要交代问题。1971 年，经周恩来指示，“二十四史”点校工作重启。邵循正再次接到中华书局的邀约，参加《元史》的标点整理，其时邵循正因哮喘加重在小汤山疗养院疗养，接到整理《元史》任务后，他在小汤山疗养院边疗养边做《元史》的整理点校工作。1973 年 4 月，邵循正的学生周良霄、林沉（亦邻真）和周清澍从呼和浩特到北京参与《元史》出版前的定稿工作，他们三人专程到疗养院探望邵循正，汇报了《元史》的整理进度。邵循正深知《元史》定稿前面临着所有标点、校勘等问题要全部解决，当即决定出院并参加到《元史》的收尾工作中去。邵循正当时与夫人住在燕东园，附近的北大制药厂排放的有害气体对哮喘病人会有较强的刺激，不适宜居住，同时为了避免每日路途奔波，更好地参加整理《元史》的工作，邵循正决定住到中华书局提供的位于翠微路的宿舍，当时与他同住一屋的是他的学生周良霄。然而，就在《元史》的整理点校工作进程中，1973 年 4 月中旬，邵循正的哮喘再次发作，且非常凶险，辗转协和医院、北大医院、北医三院三家医院，4 月 27 日终不治。可以说邵循正倒在了整理《元史》的工作岗位上。1976 年，《元史》由翁独健主持定稿、正式出版，出版说明中特别说明："邵循正同志也参加过列传部分的点校。"短短一句话，是对邵循正最好的纪念。

邵循正担任古籍小组历史分组成员期间，在中华书局出版的古籍图书有：《夷氛闻记》（点校，1959 年），《盛宣怀未刊信稿》（署名：北京大学历史系中国近现代史教研室编，1960 年。邵循正、陈庆华、张寄谦整理），《义和团运动史料丛编》（署名：北京大学历史系中国近现代史教研室编，1964 年。杨济安、陈庆华、邵循正参加编辑、校阅）。

除了参与古籍整理出版工作，邵循正还曾负责我国高校近代史教学大纲的制订。1955 年，高教部委托北京大学历史系拟定全国综合大学历史系中国近代史教学大纲，邵循正负责此项工作，从拟稿到邀请专家讨论修改，事无巨细不一而足。1956 年高教部召开综合大学文史教学大纲审定会，中国近代史组讨论会由邵循正主持。会上通过的教学大纲成为此后高校讲授基础课和编写教材的依据。1956 年对《中国近代史教学大纲》进行了研讨修改。邵循正还参与了高校教材《中国史纲要》（翦伯赞主编）中近代史部分的编写工作。据何兹全在《爱国一书生·前四十年自述》记载："1961 年 4 月 10 日，中宣部、教育部召开高等学校文科教材计划会议……我和北大历史系邵循正教授同屋。邵公好喝咖啡，每天都要找人一块喝咖啡。邵公精力过人，可以几夜不睡觉，一直工作。"《中国史纲要》1964 年由人民出版社出版，此后被全国多所高校采用，并多次再版。

（原载 2022 年 1 月 12 日《中华读书报》，作者系中华书局学术著作出版中心编辑）

周谷城与古籍整理出版

齐浣心

周谷城，我国著名历史学家、教育家、社会活动家，在推动我国古籍整理出版工作方面，也曾做过大量工作。

1958 年 2 月 9 日，周谷城作为古籍小组历史分组成员的代表，从上海到北京参加国务院科学规划委员会召开的古籍整理出版规划小组成立大会。与他同为上海方面的代表还有徐森玉、金兆梓等专家。成立大会在全国政协礼堂召开，全国各地出版界、学术界等共计一百余位代表参会，中宣部副部长周扬等到会并讲话。

担任古籍小组分组成员期间，周谷城十分关心古籍整理出版工作。

1959 年 12 月 6 日，中华书局上海编辑所在锦江饭店专门召开了一次专家座谈会，主要听取各位专家关于中华书局如何办好《中华活叶文选》、如何编辑出版《古典文学基本知识丛书》和《中华文史论丛》的意见和建议，作为上海的专家学者，周谷城和谭其骧、瞿蜕园、朱东润、王运熙、马茂元等 29 人出席座谈会。与会专家畅所欲言，提出了很多意见和建议。中华书局编辑出版的刊物《中华活叶文选》和两套丛书《古典文学基本知识丛书》《中华文史论丛》，得到上海各位专家的大力支持，包括周谷城在内的专家不但提出意见建议，还积极提供稿源，使得中华书局上海编辑所发展越来越好，出版了一批荟萃中华传统文化精华的图书，惠及一代又一代读者。

1961 年第 2 期《学术月刊》发表了周谷城的《坚持古为今用》一文，周谷城在文中对古典文献的整理出版工作提出了三点建议：1. 把重要的古典著作译成现代汉语。2. 编印专题文献。3. 加小标题，做索引。这篇文章，体现出周谷城关于古籍整理出版工作深入的思考和独到的见解。

在这篇文章中，周谷城认为凡是印出来的东西，无论是照原书重印，还是改编后出版，最好都做出索引，以便于读者使用。周谷城认为，古代文献要能被读者利用，首先必须翻译成现代汉语，使读者能够更接近古籍，这样做才是为高等院校文学、历史、哲学三个专业的学生着想，整理古籍应当如此，周谷城鼓励古籍专家、学者做今译这样的尝试，希望他们不要担心古文今译出现争议，更不要担心译错。周谷城认为编印专题文献可以使研究者得到方便，根据这个原则，他希望把“二十四史”中性质相同的部分，如《货殖列传》就可以集中归并，单独编印。周谷城认为，缺乏做索引的习惯，使得有好多有用的古籍图书使用不便，他举例说过去开明书店出版的《十三经索引》，使用者无不称便，便是一个很好的例证。大量翻印古籍，当然不必把每一句都变成索引，但如果把各段的内容大意，加一小题，把小题编成索引，仍是很有用的。

周谷城的这篇文章，因为对古籍整理出版工作有着非常明确的指导意义，很快被古籍整理出版规划小组办公室主办的《古籍整理出版情况简报》1961 年第 3 期以《周谷城对整理出版古典文献的三点建议》为题转载刊发。周谷城关于古文今译、古籍资料汇编和编纂索引的意见和建议，对古籍学术界和出版界产生了较大影响，一批古籍今译图书和资料汇编类图书陆续开始出版。

此外，周谷城在二十世纪五十年代末到六十年代初，在《复旦学报》《学术月刊》《文汇报》等报刊上发表若干文章，包括《中国史学之进化》《对本刊如何贯彻“百花齐放，百家争鸣”方针的意见》《历史发展与学术变迁》《史学上的全局观念》《略论朝代在历史研究中的地位》等，都体现出他对史学研究的观点。

“文革”结束后，周谷城已年近七旬，但他对学术的热情不减，特别是与古籍整理出版相关工作，他发表了若干文章谈古籍整理，在《文献》1981 年 12 期发表《对于把古籍译成现代文的意见》、在《高教战线》1982 年第 5 期发表《办好历史系的几点意见》、在 1984 年 12 月 28 日《光明日报》发表《研究古代认识当前》等。

1981 年 12 月 10 日国务院发布《关于恢复古籍整理出版规划小组的通知》后，古籍小组恢复建制和工作，李一氓担任古籍小组组长，周谷城改任古籍小组顾问。1982 年 3 月 17 日至 24 日全国古籍整理出版规划会议在北京召开，周谷城在会上作了发言，他的发言以“周谷城同志在古籍整理出版规划会议上的发言（摘要）”为题刊发在 1982 年第 5 期《中国出版》上，代表了新时期周谷城对古籍整理出版工作的思考。周谷城在发言中说：“整理古籍的第一步，是使看不懂的古书让人能看懂，考证和训诂少不得。第二步是使庞杂的史料各归其类，便于研究者使用。最后一步是从古籍中淘出专门学问来。整理古籍的同时，专家们要蓬蓬勃勃地发表专门著作，这也应是古籍整理所应有的成果。”

正如周谷城所言，“把古籍中庞杂的史料抽出来，依类相从，使其集中而又条贯清楚，这是处理史料的一种好方法”，近年出版社整理出版的汇编类图书，就体现出周谷城关于整理古籍“各归其类”的思路，如中西书局的《中西交通史料汇编》、中华书局的《陕西碑刻文献萃编》、凤凰出版社的《京剧历史文献汇编》、中国社会科学出版社的《地方戏曲文献汇编》、大象出版社的《中国近代商会档案资料丛刊·汉口商会档案汇编》等。

周谷城十分重视人才培养，这次座谈会上他专门谈及人才问题。他认为古籍整理人才要到有关教学科研部门去找，这是第一个来源；第二个来源是各省市文史馆、参事室，那里有能够整理古籍的人。但整理古籍人才，最主要的是培养，而培养的方法，教育部已经提出来开办古典文献专业，这种培养方式虽然慢，却是最好的来源。此外，还有一个来源，那就是出版社的编辑，商务印书馆曾这样自主培养过古籍整理出版人才，现在中华书局当然可以也应该这样做，培养的条件甚至比学校还要好些，出版社应该负起这个责任来。周谷城提出的出版社培养古籍整理出版人才，与出版单位的培养人才计划可以说是不谋而合，作为专业古籍出版社的中华书局，一直就有老编辑带新人、大项目培养人才的实际举措。

周谷城对人才培养的重视，早在新中国成立后不久就体现出来。1952 年全国高校实行院系调整，当时调入复旦大学的全国知名学者、学术界的权威人物多达 15 人。时任复旦大学教务长的周谷城，代表校长陈望道，带着车队把 15 位著名教授接进复旦大学校园。这 15 位教授包括浙江大学的苏步青、陈建功，沪江大学的蔡尚思等。多年以后，苏步青感慨道："望老不容易，把十五个大头团结了起来；周谷老也是有功劳的，我就是周谷老代表望老带了车队接来复旦的。”从这件事就可以看出，周谷城对人才的重视和尊重。

（原载2022年5月18日《中华读书报》，作者系中华书局学术著作出版中心编辑）

继往开来：继续做好中国近现代史图书出版

——纪念李侃先生诞辰 100 周年

杜艳茹

2022 年是著名历史学家、出版家、中华书局原总编辑李侃先生诞辰 100 周年。9 月 17 日上午，中华书局召开座谈会，十多位曾和李侃先生共事的近代史编辑室老同志齐聚一堂，共同追思与他相处的点点滴滴。

打造近现代史、清史图书编辑出版重镇

李侃先生曾长期主持中华书局的近代史图书出版。1958 年，金灿然同志调任中华书局总编辑兼总经理后，设立历史一组、历史二组，即后来的古代史组和近代史组。7 月，李侃调至中华书局工作，任历史二组副组长，主持编辑组全面工作。一家出版社历史类图书的编辑出版业务分设古代史和近代史两个部门，这是全国仅有。近代史组的实际出书范围包括中国近现代史和清史。受时代和

政治大环境的影响，近代史室有多次撤销合并、部门调整的经历，但在多变的条件下，李侃先生始终坚持带领大家多出书、出好书，使当时的中华书局成为国内近现代史和清史图书的出版重镇。

1958—1998年间，没有准确的近代史编辑室出书目录，曾长期担任编辑室主任的陈铮先生根据多种出书目录和个人回忆，列出一份相对详细的书目，粗略统计至少有三四百种（多卷本书、连续辑刊算作一种），可划分为16板块：档案与文献史料；经济史料；笔记史料；文集与日记；传记与年谱；回忆录；中外关系；文化史；通史与专著；太平天国史；军事史；学术论文集；区域社会研究；报刊影印；地方志；文史工具书。这些图书类型丰富，既有学界研究必需的各种基础文献，又有学术研究前沿著作，许多书都很有分量，还具有开拓性和开放性，受到学者的欢迎和赞誉。一些史料性图书，当时看起来很“冷僻”，经济效益也有限，但对于学界而言都非常珍贵，如中国海关密档、清代洪涝档案史料及其他各种档案选编等等，都是非常难得的第一手资料，甚至是里程碑似的出版物，成为开展相关学术研究的基础性史料。

参加座谈的同志纷纷指出，李侃对史学研究的发展变化有很高的敏锐度。比如，他很早就关注了“三农”问题，策划组约有关选题，如《清代地租剥削形态》《清代土地占有关系与佃农抗租斗争》《康雍乾时期城乡人民反抗斗争资料》《华北的小农经济与社会变迁》等。据吴杰回忆，二十世纪八十年代，随着中国开始改革开放，社会上出现一股文化热潮，李侃敏锐地察觉到了中国近代文化史的研究将很快成为热点。1983 年，他及时联系了一批近代史界的学者，成立了《中华近代文化史丛书》编委会，由近代史室具体承担丛书的编辑出版任务。李侃先生亲自出面，邀约钟叔河先生把为《走向世界丛书》所写的每本书的叙论单独汇编成书。两位先生具体的洽谈过程已难细知，但据说本拟交三联书店出版的《走向世界——近代知识分子考察西方的历史》最终却花落中华，成为《中华近代文化史丛书》的第一种。

杨辉君谈到，有一段时间中俄关系问题比较突出，李侃及时组约中俄关系方面的选题，出版了《清代中俄关系档案史料选编》。后来兴起清史热，又抓清史方面的选题，使近代史室的选题范围拓展到整个清史。为了开辟好清史的出版阵地，李侃非常重视与档案馆、中国人民大学清史所、中国社科院近代史研究所的学术联系。比如为了组织出版《清代人物传稿》《清史论丛》，李侃请人民大学和社科院的知名专家担任主编，让相关单位不同层次的学者都参加进来，为他们提供了一个很好的研究平台，实现了作者和编辑的共同成长，既锻炼了出版社的编辑，也培养了学术界人才。

积极融入学界，广交朋友

李侃先生没有读过大学，更没有受过文史专业的科班培养，但他凭借自己的勤奋努力和聪明才智，凭借丰富的社会阅历、深厚的理论修养，刻苦自学，勤于笔耕，很快彰显出过人的才华和学识。他积极融入近代史学界，结交了一大批社科系统和高等院校的学者。李侃身兼全国政协委员、政协文史委员会副主任、中国史学会副会长、中国孙中山研究会理事等多种政治身份和社会职务，通过与学术界的密切联系，凝聚起一批一流的作者队伍，保证了中华书局的书稿资源和稿件质量。

陈铮回忆，《文史资料选辑》是1959年李侃与全国政协文史委员会副主任杨东莼先生联系后，承担的出版任务。1960—1965年出版第1—55辑，1978—1980年续出第56—72辑。至1980年，《文史资料选辑》连同《辛亥革命回忆录》1—6集，转至新成立的文史资料出版社（今中国文史出版社）。《顾维钧回忆录》是研究近代中外关系史的重要文献，由英文写成，藏于美国哥伦比亚大学。1982年，李侃先生经与刘大年先生商量，致函在美国的顾维钧的女公子顾菊珍，洽谈回忆录在大陆的出版事宜，促成中译本"归学术界卓有信誉的中华书局出版"。

《中华民国史》项目，则是1973年春，刚从"五七干校"回京的李侃先生经与中国社科院近代史所李新先生联系，争取到中华书局出版的。该项目的最终完成，更是经历了两三代中华人的更迭和接力。

李侃先生与近代史学者间的佳话很多。二十世纪八九十年代，近代史学术会议多。会议期间，常有学者白天忙于开会，晚饭后自发地到李侃、龚书铎先生的房间小聚，且总有人带着好酒和小菜，一起放松小酌。时间一久，李侃、汤志钧、林增平、金冲及几位先生成为圈内公认的近代史学界的“四大酒仙”。后来发现本来不常掺和的李文海先生酒量亦不小，很有潜力，被封为“后起之秀”。许多选题也正是在这种轻松愉快的聊天气氛中聊出来的。

倾心培育年轻力量，用力构建编辑梯队

李侃在书局任职的数十年间，先后在近代史编辑室工作的人员有三十多名，按照入职时段，大体上可分为五十年代、六十年代、八十年代三个梯队。在实际工作中，李侃放手重用老编辑，不去过多干预具体工作，充分发挥他们的传帮带作用。同时，非常重视年轻编辑的业务学习和提升，鼓励他们独当一面。给大家留下深刻印象，也是大家受益最多的，是李侃先生鼓励编辑积极参加学术会议，重视学术进修。

陈东林谈到，李侃会像带研究生一样，认真指导编辑撰写学术论文，提出具体的修改意见。正是在李侃先生

的指导下，陈东林先后写了十多篇文章。其中，李侃在指导撰写关于洋务运动的文章时，指出学术文章可以只讲一面，政治文章要讲两面，给陈东林留下了深刻的印象。李占领于二十世纪八十年代在北师大跟随龚书铎和李侃两位先生读研究生，毕业来书局后，李侃一直关心他的学术研究，通过让李占领协助查找资料、撰写论文提纲或初稿，继续给予多方面的学术指导。编辑通过不断练笔，既提高了学术研究能力，也拉近了和学界的距离，有利于开展组约稿工作。

新编辑刚开始工作的时候，没有作者资源，手上选题少。李侃在史学界有广泛的人脉，每次外出都会带年轻编辑去见作者。今已年逾八旬的于世明老师至今还记得李侃带她去见罗尔纲先生的情形。罗先生做事谨慎，他的作品不到非常成熟一般不会拿出来交人发表。李侃跟他谈《太平天国史》的出版，罗先生说还需要修改，但实际上已经改好了，只不过担心出版时机还不成熟，也不太放心交给年轻编辑来做。经李侃先生介绍于世明的情况，终于打消了罗先生的顾虑。同时李侃也鼓励于世明积极、认真开展工作，进一步赢得罗先生信任。《太平天国史》最终由中华书局顺利出版。

李丹慧是1984年由部队转业到中华书局，进入近代史编辑室工作的。刚开始的时候，李丹慧担心自己非名校毕业，又是部队转业到出版机构，心里有压力。李侃先生鼓励她不用紧张，也不要有傲气，踏踏实实地跟近代史的同志们学习就没问题。由于外语比较好，李丹慧重点做中外关系方向的选题，由编辑室有外语基础的德公（刘德麟）指导，先后做了柯文的《在中国发现历史》、黄宗智的《长江三角洲的小农家庭与乡村发展》《华北的小农经济与社会变迁》等书。在李丹慧主持《中国海关密档》的编辑出版工作时，李侃提醒她，和作者打交道是门学问，沟通时要注意措辞，要坦诚。李丹慧与作者经过坦诚沟通，双方合作愉快。

在李侃主政书局时期，近代史编辑室队伍团结，个个勤学苦干，工作氛围和谐向上，促进了日常工作的顺利开展。陈东林、吴广义、李丹慧等由于种种原因后来离开了书局，进入学术研究机构工作，但他们认为在书局经受的锻炼为后来走上学术道路奠定了很好的基础。

善于学习，笔耕不辍，学者型出版人的典范

李侃先生在理论素养、专业学习方面，始终是全社员工的楷模。

据陈铮回忆，自己参加《蒋介石言论集》的相关工作时，金灿然、李侃两位先生都反复强调理论学习的重要性，李侃还让他查阅《毛泽东选集》中的有关论述，看看毛主席是怎么评价蒋介石的，并摘抄成卡片一起学习研究。在李侃先生领导下，老一辈编辑发挥传帮带作用，近

代史编辑室的敬业精神与和谐的风气得以树立和传承，特别是二十世纪八十年代一批年轻编辑进入书局，逐渐凸显出跨世纪的骨干作用。

因为多了一层师生关系，李占领认为，李侃先生既是自己学术上的导师，也是业务上的引路人，对李侃先生的工作、学问有着格外深刻的印象。李侃作为出版社的主要领导，里里外外要处理的事情很多，但仍勤读苦思，笔耕不辍，出版有《中国近代史散论》《李侃史论选集》《李侃史学随笔选》《近代传统与思想文化》《朝夕集》《芳古集》等多本著作，在学术上取得很大成就，成为中国史学界响当当的学者。“朝夕集”书名，生动形象地体现了他总是以只争朝夕的精神挤时间读书治学的勤奋状态。他与龚书铎、李时岳等共同策划编写的《中国近代史》，几十年长销不衰，今已出至第四版，仍被多所高校作为教材使用，对近代史的学术研究、学科建设产生了深远且巨大的影响。在李占领的印象里，李侃先生思维敏捷，善于构思，写文章又快又好，只要掌握了一定数量的典型史料，很快便可形成腹稿、动手成文。文章史论结合，理论性强，文笔也好，流畅易懂。1995 年大病后，李侃先生一面和病魔抗争，一面坚持读书写作，包括写日记，整理随笔、文集等，表现出超人的毅力，让人佩服。作为一名学者型出版人，李侃先生为书局和业界同仁作出了榜样，也体现了书局出版队伍的专业化特色。

李丹慧认为，李侃是党政干部出身，从东北局调至中华书局，出版对他来说是一项全新业务。李侃善于学习，同时特别重视学术研究，自己把学问做得很好，在出版和学术两方面都有地位，不是外行领导内行，非常了不起。沈致金感叹，像李侃先生这样在出版界和学界都有影响力的人才，实在难得。

吴广义认为，学术研究和图书出版就像两个车轮，而李侃先生就像一位优秀的驾驶员，将车开得又快又稳，为中华书局的业务发展奠定了今天的大好局面。书局的近代史编辑室近年来继承好传统，不仅为一些多年的老项目画上了圆满句号，还根据时代需要，开拓了新的选题方向，承担并完成了包括主题出版在内的许多重要项目，继往开来，未来可期。

座谈会上，近代史编辑部主任欧阳红详细介绍了编辑部重建十年来图书出版的具体情况。在岗编辑同人一致认为，前辈编辑的回忆和讲述，给大家极大的启发和鼓舞，李侃先生的理论素养、专业功底，对编辑人才的培养，队伍建设的实践，刻苦勤奋的钻研精神，值得年轻一代细心体会，继承下来，发扬光大。

（原载2022年9月26日“中华书局1912”微信公众号，作者系中华书局近代史编辑部编辑）

《周书》点校本出版拾零

刘　学

《周书》是记述北魏东西分裂之后西魏和北周政权的纪传体断代史，中华书局点校本由前辈史学大师唐长孺先生负责整理，是“二十四史”中除前四史外出版的第一种。从计划伊始，到1965年完成点校，制版付型，再到最终出书，绵历十余年，其间种种因由，通过留存下来的书稿档案，才得见鳞爪。

1958年，在国务院领导下的古籍整理出版规划小组成立以后，中华书局随即正式启动整理“二十四史”计划。在同年10月拟订的计划中，整理“二十四史”被分为标点集注本和普通本两种系列，分别供专门研究者和一般读者需用。在集注本中，鉴于清初李清所撰《南北史合注》芜杂疏陋，而后出考订以及石刻文字等资料大多为其所未见，南北各史的纷乱脱误又较其他各史更甚，故而有新编《南北史补注》的设想。不过“二十四史”的集注本始终未能落地实施。在同年最早的一份《标点二十四史（普通本）约稿计划》中，便已经确定北朝各史由武汉大学承担，《魏书》《周书》《北齐书》《北史》和《隋书》五种史书的标点整理者都“拟约武汉大学”（《隋书》后来因武大、山大都未接受，另做了安排），预计完成时间则都是1959年11月。

这一时期的点校整理分头在各高校展开，实际开展工作已经晚于计划的完成时间。1960年底，武大历史系内成立了校点小组，由唐长孺任组长，姚薇元为副组长，组员中还包括陈仲安、石泉、赵婷、陈庆中、曹绍廉、谭两宜，正式开始点校工作。初步的整理计划是“先搞《周书》……其余三史，俟《周书》完成继续搞下去”，这也就使得《周书》成为“北朝四史”中最早整理的一种，而规模较大的《魏书》《北史》在此阶段一直没有着手。由于校点组也是第一次进行校史工作，标点和校勘的体例还处于摸索之中，加之时间和任务紧迫，初期也遇到一些困难。在1961年1月赵守俨所拟回复武大历史系《校点〈周书〉小结》的信中，赵先生特别强调：“各史的校点工作，根据上级指示，是要求早日完成的；但更重要的还是保证质量，力求使这个校勘标点本成为超越前人的最好本子。根据这个精神，我们向有关方面提出了较高的校勘标点的要求。校勘工作的四个方面（引者按：指版本对校、本校、他校、吸取前人成果），需要非常认真细致才能做好。”这封回信中还总结出校勘工作10条具体原则：

> 1. 凡改底本处，都要有校记简要说明根据和理由。改字需审慎，凡不易肯定或底本可通的，都不必改。
>
> 2. 底本未改字，但别本或它书的异文有参考价值的，或某家之说言之成理的，都可做一条校记。
>
> 3. 别本或它书有误，底本不误者，不入校记。前人虽有说，而我们认为不妥甚至错误的，校记也不必提及。
>
> 4. 各本间虚字的出入；它书及本史的另一处文字歧异，而文义无殊者：都可以不写校记。
>
> 5. 与它史及类书比勘，着重记其人名、地名、官名、时间的异文及文义较有出入者，史实的不同不入校记。前人对史实的考证也按这一原则处理。
>
> 6. 各本对校是最基本的校勘工作。凡版本上能够解决的问题，校勘记只说据某本改即可，不必再牵涉别的书。某家说作某字是、应补应删某字，而我们取校的本子正有与他的说［法］相合的，至多在“据某本改”后面加一句：某家说作某是。比较复杂的问题，可举些旁证，但应力求简明。
>
> 7. 凡前人的校勘记或读史札记之类已发现的问

题，校勘记引用时，一律指明这是哪一家的说法。

8. 殿本“考证”作为前人研究成果之一，只采其可用诸条并入新写的校记。即使以殿本为底本，也不再附印“考证”。

9. 校勘记对于采用各本、各书、各家之说的称谓要一致。可以用简称，但要避免前后不同。将来出版说明中请开列采用书目，并附注简称。校勘记文字的写法也请做到基本上一致。

10. 校勘记以一卷为单元，将来附印在每卷之末，以便读者检查。

今天回看这些原则，依然堪称是校勘整理古籍的重要经验，也基本上被今天的修订工作吸收。

这一时期书局和校点组还有一些书信往来，其中值得一提的是 1961 年 4 月石泉先生的来信。石先生在信中说：“我是武汉大学历史系的一个教师，从去年年底以来，在我系参加了由您局组织领导的校点北朝四史的工作。由于没有经验，我们走过（湾）[弯]路，进度很慢。我们也一直在摸索，希望找到些多快好省的办法，以求提高新版本的质量，又能加快工作进度。……按我们目前的工作进度与工作状况（例如病号多，经常只有四五人进行工作，最近以来又不能全时间搞，工作质量不齐，办法也不多，副组长姚薇元先生因课忙，始终也未参加这一工作……），能在年底以前完成北齐、北周二书（约四十万字）就算不错。”石泉先生还在附件中提出三条建议，其中第一条建议悉数删除《魏书》《北齐书》《周书》中原本已残缺、复经后人补足的部分，还各书以原貌。但因这一点关涉过大，打破了一千多年来三书的既有形式，各书的残缺配补情况又有其复杂性，后来书局在征求专家意见后便没有采纳，只是在点校本的校勘记中做了阙卷和后人补足情况的说明。

由于古籍校勘程序复杂，最初是将对校、本校、他校等步骤分开来做的。在 1961 年 5 月赵守俨出差武汉、济南的工作汇报中提到，“武汉大学校点的北朝四史，暑假前可完成《周书》、《北齐书》的本校和与《北史》的校勘，估计再有七个星期可以完成这项工作”。从 7 月 8 日书局收到的卷十一《晋荡公护传》校勘记初稿来看，校点组确实也是先做了本校和校《北史》工作，而《册府元龟》因为卷帙庞大，翻检不易，通校工作是准备放在后面补做的。

但由于校点组成员的教学、科研任务都比较重，一直不能集中精力进行工作，又受编写魏晋南北朝史教材的任务影响，时做时辍，《周书》在武大一直未能彻底完成点校。1961 年底，书局便有了借调校点者进京集中工作的动议。在赵守俨所拟“关于各史校点者借调问题的建议”中提到：“目前亟待解决者为南北朝八书。武大为了教材任务，北周、北齐二书不得不暂停。……武大担任的《周书》功亏一篑，《北齐书》也做完对校，并初点完竣。就进度来说，借调唐长孺先生也是可以考虑的。惟鉴于他正在编写教材，在系里担负的教学任务较重，……拟作为第二步进行。”这一次借调动议主要针对承担南朝各史的山东大学，促成次年王仲荦先生被调进京。1963 年，由于经过四年工作“二十四史”点校进度仍很迟缓，中宣部副部长周扬指示各史的整理需争取在第二年内完成，最终在 7 月 15 日由教育部正式发文武汉大学、山东大学、中山大学、南开大学四校（63 教二蒋旭字第 1148 号），借调唐长孺先生来京整理北朝四史，发文上的计划时间是“1963 年内完成《北齐书》、《周书》，1964 年内完成《魏书》、《北史》”。此时《周书》已接近于完成，需补作的工作并不多，而《魏书》《北史》尚未进行。

1963 年秋，唐先生和他的青年教师助手陈仲安来到西郊翠微路 2 号大院中华书局办公，由此开始了三年翠微校史时光。到 1965 年，《周书》整理完成，拟待发稿，在书局还保留有一份《重编周书目录的几项原则》和相应讨论记录。这份文档由唐、陈二位拟订，由古代史组提出在座谈会上讨论。《原则》中说“令狐德棻《周书》目录的本来面目已不可见，大致宋本比较接近原貌，但其总目与分目已互有分歧，南本以下多有更动，殿本增入更多，皆意为升降。今天重订目录不必拘牵各本，应该从读者便于翻检着想，大幅度地增加人名。”并将列传部分为正传、附传、附见三个层次，分别按不同格式编入目录。在讨论记录页上还能看到郑天挺、王仲荦、宋云彬、卢振华、冯家昇等各史负责人和书局赵守俨、肖项平的发言要点，讨论底本旧目、新目的关系，附传、附见两类的升降依据以及各史与此相关的特殊情况等。从点校本出版后的目录看，《周书》在付型时并没有完全采纳《原则》中的意见。

《周书》付型之后，由唐长孺先生撰写过一个出版说明，本拟在次年即可出书。但随着1966年“文化大革命”的爆发，不少专家学者遭受错误批斗，书局也停止业务工作，校点工作被迫停止。这也就使得“二十四史”点校本在“文革”前实际只出版了“前四史”（最晚的是1965年出版的《后汉书》），三年翠微校史的成品则以付型未印的《周书》《南齐书》《陈书》为代表，整理工作陷入停顿。

1967年5月，戚本禹指示书局继续点校“二十四史”，要求一两年内完成，并表示可以用前一阶段参加工作的“旧人”，点校工作又有了短暂恢复。在5月8日至12日间，书局出差至武汉大学，和当时校方领导机关和群众组织了解唐长孺、姚薇元、陈仲安三位的情况：“我们和各组织联系过以后，由他们分头和自己组织的成员商量。五月十一日我们（有）[又]与各组织负责人联络，询问各组织讨论的结果，一致同意把这三个人调出来工作，也一致认为这三个人够不上反动‘权威’和四类干部。”并与三位先生商定了以 5 月 17 日为行期。

唐、姚、陈三位先生来京后，被编在负责北朝各史的第一组内。这年《周书》的主要工作，就是撰写序言（由第七组出版说明组负责）。按照这一阶段的计划，序言被分成“二十四史”总序和各史出版说明两种。在 1961 年 10 月 21 日出版说明组给书局指挥部的信中提到《周书》出版说明事：

> 我组接受的《南齐书》、《陈书》、《北周书》三部：前两种的原校点者未参加此次工作，体例可由我组来作；《北周书》系唐长孺同志校点，体例由他作比较合适，驾轻就熟，当然，由我组来作也无不可。又，《北周书》的出版说明已成初稿，因改作编校体例，所以搁下来没有修改。

这一阶段所写《周书》的出版说明初稿，目前还存有 1967 年 9 月 29 日、10 月 28 日、11 月 3 日、11 月 7 日、11 月 14 日、1968 年 1 月 3 日等不同时间的草稿，篇幅不断删省，最后删到了 2500 字左右。据资料较为丰富的 9 月 29 日草稿前附的贴条说：“这篇说明初稿，是在唐先生提供的初稿基础上写成的。原稿资料丰富，写的太长（一万言），考证引证素材太多。我做的主要是简化改写工作。”这篇“出版后记”的草稿虽然最终也没有采用，唐长孺先生提供的较长材料也已不存，但里面还是有一些正式出版后的点校本所没有的内容，比如提到在存世宋本（即三朝本）、南监本、北监本、汲古阁本、武英殿本、金陵书局本、百衲本七个本子之间，《周书》点校本底本最终选择武英殿本的理由：

> 在这七个本子中，我们选择了殿本作底本，原因是：南、北、汲三种本子流传不广，也没有胜于他本之处；局本即以汲本为底本。所以，这四个本子，就都不加考虑了。余下三种，论时代宋本最古；百衲本在宋本的基础上有所改正，声名很大；殿本在清代很少人敢非议，清末以来所有石印本、翻刻本，几乎全据殿本。百衲本出版后，由于张元济在诸史跋文中，一方面吹捧宋元旧本，另一方面又列举了不少殿本的缺点错误。因此殿本声誉大为低落，百衲本身价则大为抬高。
>
> 为了慎重起见，我们曾试行把宋本、殿本、百衲本进行了对校。现以经过比对的第一、第二两卷为例：在这两卷中，此是彼非、此非彼是的异文共25条。其中宋本错而殿本是的18条；殿本错而宋本是的6条；宋本、殿本同错的一条。如以百衲本和殿本比较，殿本是而百衲本错的14条，殿本错而百衲本是的7条。所以，单就这两卷的比对情况看，这三个本子，以宋本错得最多，殿本错得最少。此外，宋本

和百衲本的古体、别体字较多，殿本一般都已改作通行体，排印也比较方便。因此，这次校勘《周书》，决定以殿本作底本。

由此可见点校者对于底本的选择是经过慎重考虑和前期试校时对文字正误情况统计的，而在《周书》点校本出版说明中，只简单提到“在上列七种本子中，殿本刻误和古体、异体字较少”，大为简省。不过，由于这一时期思想路线和组织上的混乱，整理工作受到严重干扰，各史进展不大。随着1968年初戚本禹被隔离审查，为期半年多的短暂恢复也旋即告终。

1971年，在毛泽东的批示下，点校工作再度恢复，并又一次借调唐长孺、陈仲安先生到京工作。6月21日书局刘德麟所拟初步计划中提到：“借调人员中以白寿彝、唐长孺、王仲荦为主，中华书局配备较大编辑力量，先修改、补写《南齐书》、《陈书》和《周书》的出版说明。……如以七月初开始工作的话，估计《南齐书》等三史的出版说明八月份能写出，年内即可出书。”在9月份向出版口汇报“二十四史”工作情况时，也说：“这三史是‘文化大革命’前已经付型的。现在对于标点和校勘记通篇检查了一遍，发现点错的地方只是个别的，主要问题在于校勘记比较烦琐。为了利用旧版，可改可不改的，不改。对于点校方面存在的主要问题，拟在出版说明里向读者交代清楚。这三部书，争取在国庆节前发厂挖版。在挖版期间，撰写出版说明，于十月中旬发排。”由于出版说明在撰写时又经多次反复修改，发排时已经到了年底，排出后又经审定，等到《周书》实际见书，已经是次年了。

回顾自1960年开始工作后，点校工作先是受限于繁重的科研教学任务，不能集中精力，体例也还处于摸索之中；1963年后各史点校学者在京集中整理，才有了较快进展；但1966年后风云变色，政治翻覆，因为一篇出版说明，《周书》等三史迟迟不能出版。等到正式出书，已然是七年之后。《周书》篇幅不大，出版过程竟也充满波折，点校“二十四史”期间种种甘苦，恐已非身历其事者所能切实感知。

（原载2022年12月25日“中华书局1912”微信公众号，作者系中华书局历史编辑室编辑）

百川学海

宋别集总集叙录体小论

马　婧

一

宋人著述现存总量远超前代，以诗文为大观，以词为特色。据《中国古籍总目》，今存宋人别集两千八百余种，宋人编选的宋代总集百余种。《中国古籍总目》出版于2012年，列书名、作者名、存藏地三项，可窥宋人著述全豹，但若想详细了解有宋一代别集总集面貌，需要更加丰富深入的目录学资料。

在这一领域，有关专家学者耕耘有年。二十世纪八九十年代，曾先后有沈治宏《现存宋人别集版本目录》（巴蜀书社1989年版），以及沈治宏、刘琳《现存宋人著述总录》（巴蜀书社1995年版）导夫先路，二作皆为目录形式，在当时的条件下能梳理一代文献，实难能可贵，但所列只有书名、编著者名、版本、藏地四项，无从得见内容意旨、版本优劣。此后又有严绍璗《日本藏宋人文集善本钩沉》（杭州大学出版社 1996 年版）、王岚《宋人文集编刻流传丛考》（江苏古籍出版社 2003 年版），前者论列范围限于日藏善本，后者专门考述宋人 17 家文集的编刻流传。

而概览宋代词集的著述，则有陶湘《景刊宋金元明本词叙录》、唐圭璋《宋词版本考》等。前者著录词集流传及版本面貌，收载有关题跋，后者于各词家下一一记录各词集及版本。1992 年又有饶宗颐《词集考》出版，12 卷中 5 卷专述宋代，分别集、总集指明各家词人主要经历、作品编集选录及刻印。各家著述使宋词留存及版本情况得以清理，但对有宋一代作家诗文别集及总集做全面清理，并提供更丰富信息之作，尚付阙如。

祝尚书先生《宋人别集叙录》《宋人总集叙录》即在此背景下问世，二书分别初版于 1999 年 11 月、2004 年 5 月，后于 2019 年 12 月（《宋人总集叙录》）、2020 年 2 月（《宋人别集叙录》）先后完成增订并再版。体例诚如自述："以考察全部宋人别集的版本源流为主要目标，重点在清理各集全帙的版本体系，又尤其着力于祖本及重要传本的研究，并在可能的情况下对各本优劣作简要评述。"（《宋人别集叙录·前言》）其中《宋人别集叙录》考述宋人别集 542 种，增订本增考 4 家 5 种，《宋人总集叙录》

考述现存的宋人编宋总集85种，另撰《散佚宋人总集考》，专门收录今已散佚的总集或选本，增订本又增考12种。二作以古老的“叙录”之体，清理版本源流、介绍背景情况，从而探究各本优劣高下。

二

“叙录”之体，其来已久。《汉书·艺文志》叙西汉成帝时，书颇散亡，谒者陈农访求天下遗书，复命刘向等人校书，“每一书已，向辄条其篇目，撮其指意，录而奏之”（《汉书·艺文志》）。“条其篇目”即“录”，“撮其指意”即“叙”，访求来的简牍，内容繁杂、篇次混乱、异文百出，需要整理篇目、文字异同，然后一一记录各篇之末的篇目名称，并按不同作者、主题，撮述本组文字的篇目分合、内容大意、作者情况，即形成“叙录”。刘向身故，汉哀帝复命刘歆子承父业，父子二人的叙录今存《管子》《晏子》《韩非子》等数篇以及其他零星表述，可见“叙录”体来源于皇家管理图书、总结文化的需要，内容一是作者生平、撰作背景，二是全书内容、学术源流，三是文本本身的异文与篇目分合。

“叙录”之体诞生之初重在详其学术、考镜其源流，为此而记述作者事迹、想见其为人，甚至与作者传一体两面。章学诚《校雠通义》说向歆诸叙论“以书而言，谓之叙录可也，以人而言，谓之列传可也”。后世道术日繁，

“叙录”之体根据撰作需求，逐渐往两条路径发展，一者侧重其中“叙”的功能，又称“书录”“解题”“提要”等，或记述作者生平及撰作经历，或记录内容组成、评论特色，或及于刻印流传经过，实出于撰者强烈的知人论世、考镜学术源流的需求，此类历史上如《郡斋读书志》《直斋书录解题》，晚近以来的代表是《四库全书总目》；另一者则偏向“录”，又称“目录”“书目”，多出于收藏盘点图籍的需要，时或兼及考察学术源流，如“二十四史”之艺文志、经籍志，晚近以来的《书目答问》等等。此后还有一体，专门收录各家序跋，实起源于佛典目录，如朱彝尊《经义考》、谢启昆《小学考》等。

《宋人别集叙录》《宋人总集叙录》沿“叙”的路径而下，并随这一路径在各代的发展演化，更偏向版本考察一途。《宋人别集叙录》各篇首列作者生平及著述编集情况，次一一查考历代主要版本的传刻及重修，通过考察历代的著录、题跋，清理版本源流，撰作目的是提供判断不同版本高下的依据，以服务于今人阅读与整理，因此不同于“叙录”体早期更侧重知人论世、谈学术源流的做法。祝先生自明心意：“近人、今人所作‘叙录’，主要倾向于考述版本，与刘向‘叙录’的内涵有所收窄，这是由不同时代文献积累的厚度迥然不同所决定的。这类考述版本的‘叙录’不仅有颇高的学术价值，而且很实用，成为读者了解某部著作版本流传和变迁的工具书。”之所以追求了解某部著作的版本，是因当时参与了四川大学古籍整理研究所的《全宋文》编纂工作，校点别集首先就要解决版本问题。因此本著处处可见对历代序跋著录的深入查考，对细节信息的钩稽，而没有浮泛的介绍，实出于甘苦自知的实际工作。《宋人别集叙录》的 2019 年增订本，在考订流传编录之外，又进一步增加了对内容的说明，每集选择较常见的版本，述其卷目编次，使读者大致了解该书的结构和内容。

《宋人总集叙录》也取径这一做法，在自我完善之路上，同样间有变体之处。这也是叙录各体交相辉映，又在特定撰作目的下或有交集的反映。其各篇同样从前人的著录序跋入手，考察编集及流传经过，各本特色立见。此外，又如佛典目录的做法，附录各主要传本的序跋，序跋较多者则择要采录。而《宋人别集叙录》限于序跋篇幅较巨，采纳出版社的建议，采用另行结集的形式，在《叙录》每篇后，只将序跋名目列于“参考文献”以作提示。

三

《宋人别集叙录》《宋人总集叙录》以版本考察为主，兼及内容结构，甚至附录有关序跋的做法，实际是继承《唐集叙录》，把此前专题叙录的撰作方式，施于断代文献，可见学术发展之日趋细密。

在叙录以“叙”为主的路径上，专题叙录较早走向专门查考不同版本之途。此前先有贺次君《史记书录》，梳理《史记》有关各本、历代注疏之版本流传，兼及介绍内容组成部分，并以记录异文为主。后有周采泉《杜集书录》，分项列作者生平、版本、著录、序跋，并以“编者按”记载编次、版本面貌及前人考订成果。再有万曼《唐集叙录》，将这一做法用于唐代别集，考察某集的历代著录及不同面貌，以梳理版本源流。不过《唐集叙录》收别集 108 种，《宋人别集叙录》收 547 种，《宋人总集叙录》收 97 种，规模远超《唐集叙录》。

要以叙录体处理多达上千种的断代别集总集版本，尚需严其体例，明确收录范围。唐圭璋《宋词版本考》、饶宗颐《词集考》未专门列出凡例，沈治宏《现存宋人别集版本目录》提出，如节抄、注释、评点、句读或有音义、校记、辑佚等凡经后人加工的，都算作另一种书立目收编，沈治宏、刘琳《现存宋人著述总录》同样如此，并规定宋代佛道中人的著述也进入收录范围。《宋人别集叙录》《宋人总集叙录》后出转精，体例更谨严，皆就现存者叙录，《别集叙录》明确规定，“宋人”所包括的宋遗民是否收入分三种不同情况、后人辑本以清乾嘉为断、宋以后选本注本不述、诗文僧夹入个人著述的汇钞之作不录等等，《别集叙录》明确规定，“宋人”包括外邦入宋者、元以后人所编宋代总集或通代至元者不录、形如总集的类书不录、书目未著录的散佚总集不录等等。

在编排次序上，叙录体大体有两种方式，一是按所叙录之书的内容类别为序，往往用于通代叙录，在叙录体发展的早中期尤其常用。二是以时代为序，多用于断代叙录，晚近以来所作常用。前者如《郡斋读书志》《直斋书录解题》《四库全书总目》，皆按内容类别为序，《四库全书总目》更是在总结前人的基础上，发展出体大思精的四部分类法。后者如《日本藏宋人文集善本钩沉》，以时代先后为序，兼及考虑类别，又如饶宗颐《词集考》，大体按时间排列，又依前代选本所收各家的先后次序、作家的重要程度，有所微调。再如沈治宏《现存宋人别集版本目录》，作为断代叙录，大体按著者生年编排，同一书原本先于辑本、全本先于节抄、白文先于注释评点、诗文集先于词集、单行本先于丛书本，沈治宏、刘琳《现存宋人著述总录》则仅规定单行本先于丛书本、民国以后的单行本和整理本排在最后。《词集考》之宋代部分与沈治宏等二书有所差别，与前者来源于“摭拾丛残”，后者来源于对《中国丛书综录》等藏书目录及佛藏的综合不无关系。而《宋人别集叙录》《宋人总集叙录》来源于宋集整理实践，前者规定以著者生年为序，“参考文献”以版本先后为序，后者同样规定按编者生年为序，佚名者按该书行世先后排列。

总之，“叙录体”来源于整理图籍、考镜学术的需要，本有分别侧重“叙”与“录”的两途，后“录”之一途向公私收藏目录发展，“叙”之一途则主要是探讨作者及成书、考察内容并评议学术、校订异文并查考刻印流传。而宋代别集总集的叙录之作，随学术发展及撰者的现实工作需求，在介绍内容的同时，更偏版本考察，内容更趋细密，而出现《宋人别集叙录》《宋人总集叙录》这样深入的作品，把专题叙录的撰作方式应用于断代文献，不仅细密地爬梳历代主要刊本的来源与高下，而且严其体例，在限定收录范围、安排先后次序等方面，都更加严谨。惟限于数字化技术当时尚属简陋，海外孤本获取不便，仍有漏收的遗憾。作为研治宋代文学、史学者的必读书，《宋人别集叙录》《宋人总集叙录》两部书的问世，对宋代文史研究必将起到积极推动作用。

（原载2022年8月3日《中华读书报》，作者系中华书局文学编辑室编辑）

程颢《秋日偶成》：一首有回甘的好诗

张继海

秋天到了，说一首和秋天有关的诗。

北宋的理学家程颢，有一首《秋日偶成》，诗曰：

> 闲来无事不从容，
> 睡觉东窗日已红。
> 万物静观皆自得，
> 四时佳兴与人同。
> 道通天地有形外，
> 思入风云变态中。
> 富贵不淫贫贱乐，
> 男儿到此是豪雄。

冯友兰先生晚年在回忆蔡元培先生的一篇文章中说，他特别欣赏程颢的这首诗，并对它有一个极简练的解释：

这首诗的第一、二句是说他的生活状况，第三、四句是说他“道中庸”，第五、六句是说他“极高明”，第七、八句是说到了这个地步就可以成为孟子所说的“大丈夫”。

最后冯先生补充道：“我认为，蔡先生的精神境界和气象是和程明道相类似的。”即他们达到了中国传统哲学所谓的“极高明而道中庸”的状态。

这首诗蕴含了怎样的哲理，冯先生并没有进一步展开讲。如果向前追溯，我们发现南宋人熊刚大作的《性理群书句解》对它有一个简要的注解。在该书中，此诗题为《秋日》，题解文字为：

此篇形容心体旷大，超乎天地万物之上，外物不足为累。

下面逐句的解释是（略去两处注音，其他文字照录）：

闲来无事不从容 此心清闲，则事事惟见其优游不迫。

睡觉东窗日已红 睡醒则东窗日色已红。

万物静观皆自得 万物散在天地间，静而观之，无非自得。

四时佳兴与人同 四时佳兴，春暖秋凉，与自家意思一般。

道通天地有形外　道通天地有形之外，致广大也。
思入风云变态中　思入风云变态之中，尽精微也。
富贵不淫贫贱乐　处富贵不淫，处贫贱而能乐。
男儿到此是豪雄　男儿到此地位，岂不真豪杰也哉？

有了熊刚大的《句解》，这首诗的意思便明白了许多，但有些地方还嫌讲得不够详细和通俗。再查近人的有关著作，恕我孤陋，对这首诗作出详细讲解的似还没有。有些古诗的选本，比如钱锺书的《宋诗选注》，则没有收入本诗。

诗歌可以有不同的读法，欣赏的角度、侧重的方面都可以不同。可以有纯文学的视角，也可以把诗歌看作是一种史料，也可以涵泳诗中蕴含的哲理。不同诗人创作的诗歌，真的是千姿百态，群芳竞艳。

笔者不揣浅陋，尝试对《秋日偶成》一诗再作一些补充性的解读。既然诗人是一位理学家，我们的解读就稍稍偏向哲理方面。

第一、二句确实如冯友兰所说，讲的是一种悠闲自适的生活状态。第一句应念作“闲来”“无事不从容”，闲下来的话，所有事情都是从容不迫的，不需要着急忙慌去处理。第二句应念作“睡觉”“东窗日已红”，“觉”音决，意为醒来。一觉睡到自然醒，日头已经升起多高了。

第三句“万物静观皆自得”，讲的是“观物”，即世间万物，如果你仔细观察，会发现它们自有一番生意和内在的道理。明道的语录就有“万物之生意最可观”，《鹤林玉露》和《宋元学案》都记载，程颢不让除去书窗前的茂草，“欲常见造物生意”；又专门用盆池养小鱼数尾，“欲观万物自得意”。“草之与鱼，人所共见，唯明道见草则知生意，见鱼则知自得意，此岂流俗之见可同日而语！”

第四句“四时佳兴与人同”，说的是天人相感，仁者与天地万物为一体。四季节候不同，既是阴阳消长的体现，也与人事活动相应，自然与人事相感通。熊刚大说“春暖秋凉，与自家意思一般”，意为自然界的变化就像与自己的心境、情绪连通一样，看到春暖花开，便感到融融春意；看到秋风萧瑟，便感到肃杀之气。“四时佳兴”，指四季各有佳胜的景致，比如春有百花秋有月，夏有凉风冬有雪。

第五、六两句，熊刚大认为讲的分别是“致广大”和“尽精微”。“致广大而尽精微”语出《中庸》。“道通天地有形外”的“道”，回到《中庸》的语境下，应是指天地之道。“天地絪缊，万物化醇”，“天地之大德曰生”，这个道一直通贯到世间有形万物之外。“思入风云变态中”，是说精义入神，思虑的精微直入云卷云舒、白云苍狗的瞬息变化中。

第七句“富贵不淫贫贱乐”，是指处于两种反差极大的状态时君子所持有的态度：处富贵时能不骄奢淫逸，处贫贱时能自得其乐。“富贵不淫”虽然化用了《孟子》的“富贵不能淫”，但是“淫”的意思与《孟子》中有别，在彼处意为“乱其心志”，在本诗中是指放纵享乐。贫贱而能乐，意为能像颜回一样，虽处陋巷，却能安贫乐道，寻孔颜乐处。

第八句“男儿到此是豪雄”，是说看淡了功名利禄，不让外物成为心累，跳出樊笼，才是得了真自由，真解脱。

如果再简要地总结一下，全诗似可以用四个字来概括：

第一、二句是“兴”，第三、四句是“观”，第五、六句是“思”，第七、八句是“悟”。

把整首诗串讲了一遍，翻回头再看，不得不佩服熊刚大的题解抓住了全诗的要旨：“此篇形容心体旷大，超乎天地万物之上，外物不足为累。”熊刚大是黄榦和蔡渊的弟子，而黄和蔡俱师事朱熹，故能得程朱理学的正传。

《秋日偶成》一诗充分体现了程颢的胸怀和气度。如果套用冯友兰先生的四种境界来比附，则程明道显然是达到了天地境界。

这首诗历史上曾被不同的文献收录，文字也小有出入，但是不妨碍文意。例如中华书局出版的王孝鱼点校本《二程集》，本诗是《秋日偶成二首》的其二，首句是：

闲来无一作何。事不从容，一作疏慵。

还有的版本，“思入风云变态中”的“云”或作“雷”，“男儿到此是豪雄”的“是”或作“自”。

值得关注的重大差别是诗题。前文已经提到，此诗题目或作《秋日偶成》，或作《秋日》，明确了是写秋的诗。但是我们还查到，明朝人修的《(嘉靖)陕西通志》收录本诗，题作《鄠县春日即事》！此诗是秋天写的，还是春天写的，这个问题就大了。

《二程集》中《秋日偶成》的第一首，开篇两句是：“寥寥天气已高秋，更倚凌虚百尺楼。”写诗人秋日登高，抒发感怀。这没有疑义，就是秋天。但是“其二”这一首，除了“风云”勉强能和秋高气爽、秋云联系起来外，其他看不到有什么关于季节的暗示。

《宋史》记载，程颢年轻时曾经做过鄠县主簿，而鄠县是陕西下面的县，《陕西通志》收入曾在本地做过官的名人的诗文，特别是该名人在本地做官时创作的诗文，是很正常的。而此诗题作《鄠县春日即事》，又好像有来历，不像是凭空拟题。

谢良佐是二程的弟子，他的话对于解开这个疑惑也许有些参考价值。由曾恬、胡安国辑录的《上蔡语录》，其中有云：

学者须是胸怀摆脱得开，始得有见。明道先生在鄠县作簿时，有诗云："云淡风轻近午天，傍花随柳过前川。旁人不识予心乐，将谓偷闲学少年。"看他胸怀，直是好与曾点底事一般。先生又有诗云……（下即引此诗）

顺着谢良佐此番话的意思，似乎二诗都是"在鄠县作簿时"所作，诗歌所要表达的都是人的胸怀要阔大。"傍花随柳过前川"，写的是春天的景象。则本诗题作《鄠县春日即事》，似乎多了一个旁证。但是对于语录，我们也不能太过认真。所谓"先生又有诗云"，引用的也可能是与鄠县完全无关的另一首诗，只因为与所讲的主题相关，便随口吟出，也未可知。

这个问题暂时似还没有确解。我把问题抛出来，只为是心中有此一点疑惑。

话题扯远了。如果我们纠结于此诗是作于秋日还是春日，则识度和格局未免太小，不仅辜负了此诗的意境，也实在错会了明道先生作诗的深意。焚琴煮鹤，不解风雅，莫此为甚，罪过罪过。"万物静观皆自得，四时佳兴与人同"，让我们重新回到诗中，仔细品味涵泳，感受程夫子学达性天的气象和境界。

（原载2022年9月1日"中华书局1912"微信公众号，作者系中华书局副总编辑）

宗泽与其《古楠赋》

汪　煜

在人口相传之中，宗泽是与岳飞齐名的抗金名将。其悲愤交加以致背疽发作，三呼“过河”而死的故事，同以“莫须有”之罪被杀的岳飞的经历相似，成了忠心报国却无法一酬壮志的名将形象构成中的浓墨重彩的一笔，也成了后世认识宗泽、铭记宗泽的第一途径。但从宗泽本人的历程来看，其从戎抗金是1126年开始的，这一年宗泽已经67岁，距离其逝世仅剩下三年的时间。换言之，正是宗泽生命时光中的最后三年，定型了后世的宗泽形象。那么，思考到此，我们不得不产生出一个问题来，宗泽前半生形象如何？“饮恨而死”的后世认知中，是否遮蔽了宗泽的本来面貌呢？

宣和六年（1124），宗泽通判巴州。在任上，他曾就巴州城南龛寺中的一棵古楠作赋，这一年宗泽65岁。因此，宗泽的《古楠赋》无疑是一篇滴定其思想历程节点的重要文献。本文拟从此文（文本依据《宗泽集校注》）出发，作一番阐解，借以窥探宗泽不曾在世人传诵中出现的形象。

一、古楠的概貌

在开篇的赋序中，宗泽交代了其遇见古楠的经过：

> 巴城之南山，有寺曰南龛。寺之外有大木曰楠，其生甚久。唐刺史严武、御史史俊，皆有诗歌刻于岩腹。严曰“临谿插石盘老根”，史曰“结根幽壑不知岁”。自时迄今，又数百年，邦人谓之古楠，宜矣。仆到官之三月，两至岩下，读史、严之清什，感是楠之老于岩谷而可怜也，因慨然操笔而赋之。

从中可知，宗泽在巴州仅三个月，就先后两次来查看这棵被前人题咏的古楠，然后为其写了一篇赋。那么这棵古楠是如何从巴州众多的景物中脱颖而出，吸引到宗泽的目光呢？我们不妨看宗泽笔下描摹古楠的第一形象——“大木”。换言之，当宗泽为访问南龛寺而漫步于南山之时，南龛寺外那棵十分硕大的古楠成功地夺过了宗泽的目光。这是非常重要的山中景观初印象。倘若宗泽第一眼未曾注意这一棵“其生甚久”的古楠，也就不会发生第二次的查看，甚至也不会留下一篇专门的赋作。可见，古楠的高大与其枝繁叶茂，是宗泽对于古楠生发情感的第一个触发点。

从植物生长来说，乔木与草本、灌木是非常不同的，草本、灌木即使生长年限很久，或者说是多年生的，也无法在人的视觉中产生高、大、久、古的感觉，而乔木却可以如此。因此在庄子的笔下，大椿可以“以八千岁为春，八千岁为秋”，栎社树可以“其大蔽数千牛，絜之百围，其高临山十仞而后有枝，其可以为舟者旁十数”。宗泽游于古楠之下，其感受正如庄子对于大椿、栎社树的感受。

然而，仅仅有高、大、久、古的感觉，只是自然景观里的“奇景”，要触发情感，往往还要人文意蕴的积淀。宗泽看见的古楠树恰恰拥有这样人文意蕴。在唐代时，曾是伟大诗人杜甫的幕主的严武，就曾为这株古楠写过一首诗。据《全唐诗》，其诗原文如下：

楚江长流对楚寺，楠木幽生赤崖背。
临豀插石盘老根，苔色青苍山雨痕。
高枝闹叶鸟不度，半掩白云朝与暮。
香殿萧条转密阴，花龛滴沥垂清露。
闻道偏多越水头，烟生霁敛使人愁。
月明忽忆湘川夜，猿叫还思鄂渚秋。
看君幽霭几千丈，寂寞穷山今遇赏。

亦知钟梵报黄昏，犹卧禅床恋奇响。

（严武《题巴州光福寺楠木》，见《全唐诗》卷二百六十一）

后来同样是到巴城任职的诗人史俊曾就严武之作写了一首和诗，其诗原文如下：

近郭城南山寺深，亭亭奇树出禅林。
结根幽壑不知岁，耸干摩天凡几寻。
翠色晚将岚气合，月光时有夜猿吟。
经行绿叶望成盖，宴坐黄花长满襟。
此木尝闻生豫章，今朝独秀在巴乡。
凌霜不肯让松柏，作宇由来称栋梁。
会待良工时一眄，应归法水作慈航。

（史俊《题巴州光福寺楠木》，见《全唐诗》卷七十五）

严武、史俊的唱和无疑给这棵古楠增加了几分传奇色彩，所以后来就有人将这两首诗铭刻在古楠旁的石壁上。宗泽看见古楠的同时，也看见了严、史的这两首诗。在这两首诗中，严武和史俊都花了三联来描写古楠的样貌，又同时花了三联来描写古楠的精神意蕴。在严诗中，高大葳蕤的古楠寂寞于穷山，处于将隐未隐的境遇中碰到了一位知音。在史诗中，摩天独秀的古楠则是怀抱济世之心的栋梁大材，在等待发掘它的良工。史诗无疑是借古楠称赞严武，并且流露出宽慰严武的倾向，是非常鲜明的中规中矩的和诗。但作为风流雅事的首倡之作，严诗在写出自我的心境之外，仍旧点到了古楠的性格。于是，当宗泽读到严氏、史氏诗作时，他继承了严诗的意旨，在笔下，古楠的分身——严史的诗篇是“清”的；而古楠的本体——那些纠缠于溪谷岩石之间的根干枝叶是“老”的。

应该注意，分身之“清”与本体之“老”，是宗泽给古楠速写时抓住的第二个与第三个形象。而之所以在序中就点出古楠的第二个、第三个形象（特别是第三个形象），这正是宗泽心中的自我投射。易言之，倘若宗泽遇见古楠并不是在他的六十五岁时，恐怕他的起笔就不会从古楠的“清”与“老”开始。

二、士不遇与待良工

赋文一开始，宗泽用了十四个分句完成了古楠的素描：

> 楠之生兮，层崖之中巅；询之人兮，不知几何年。包坚根而下蟠兮，贯顽石而澈沉渊；竦修干以上凌兮，并孤岑而参苍天。大枝崛起兮，虎豹拿攫；小枝回屈兮，蛟螭蜿蜒。黄叶敷阴，白昼沉沉；轮广十亩，盖穹百寻。众鸟托宿，邓林非深；诸卉仰

芘，荆云非阴。雨濯莹兮，一尘不染；风振响兮，海潮同音。露下兮鹤唳，月明兮猿吟。擅此清致，亘古迄今。

很显然，在宗泽眼里，这棵生长在层崖之上的古楠，老根下贯顽石直接深渊，而树干直插苍天。它有着遒劲有力的枝条，茂密葳蕤的树叶。既能吸引飞鸟，又能庇护百卉，显然是独出山林之中的佳木。在素描的最后，宗泽用"露下兮鹤唳，月明兮猿吟"一句来完成对于古楠的有意识的意象构造。晋代葛洪曾记叙说："周穆王南征，一军尽化，君子为猿为鹤，小人为虫为沙。"于是，猿鹤就成了后世所常常使用的君子形象的隐喻。宗泽在这里显然也是承袭了这一写作传统。借助猿、鹤，楠木的"君子"形象完成了。

然而，赋予楠木"君子"形象，其目的在于引发出宗泽的议论：

有客戾止，恻然动中。吁嗟斯木之异兮，有不遇之穷。

在这里，我将"不遇"二字加了着重号，因为这是宗泽《古楠赋》的议论中心。古楠作为讨论的话题，或者说是被询问的对象，首先要面对"（士）不遇"的千古难题。

作为士人社会的话题，"不遇"意味着屡屡困境和重重情感。从传说中伊尹的五就桀五就汤，太公望的渭水直钩，伯夷叔齐的饿死首阳，到春秋时代老子的出关、孔子的周游，都或多或少隐藏有“不遇”的意涵。至于越国的子胥抉目，楚国的卞和泣璞，甚至是伯牙绝弦，羊角死友的故事，正是把“不遇”的表征进一步扩大，而把“不遇”的内涵进一步浓缩。所以当董仲舒屏退于家，司马迁下于蚕室之时，二人都写出了《士不遇赋》这样情感真诚愤郁而直指这一古老话题的名作。宗泽在这里，正是沿着董仲舒、司马迁开辟的感喟之路而前进。

在询问古楠时，这位客提出了三个有关于树的佳典：

> 尔胡不生于泰山之侧？秦帝东封，会风雨之是避，岂以五大夫之号而封松。尔胡不生于周成之宫？禁林九重，顾亲贤之是戏，岂以封国之瑞而翦桐。尔胡不生于分陕之域？舍彼召公，未必以甘棠之蔽芾，流咏于《国风》。

秦始皇封禅泰山，于泰山松树下避雨，遂封此松树为“五大夫”。周成王幼年与唐叔虞嬉戏，取桐叶以分封晋国。周武王时，召公治陕，在甘棠之下听讼。这三个故事里，松树、桐树、甘棠树作为了古人立功立德的见证而永载史册，而今这株古楠，虽然是“君子”之才，却无法如同前代松树、桐树、甘棠树一样被记于汗青之中，这正是令人生出“不遇”的第一种感慨来。

当然，客又给这棵古楠以辩护，说：

> 抑亦岂无工师之良，识尔材之非常，用之为栋梁，则足以建九重之明堂；用之为舟楫，则足以济巨川之汪洋；用之宗庙社稷之器，则足以参鼎鼐，交神明，荐至德之馨香。夫何默默而甘老于穷山寂寞之乡？

古楠既然没有碰见书于竹帛的机会，那么应该会有“良工”来发掘他吧！遗憾的是，并没有这样的“良工”，以至于古楠既做不了栋梁，也成不了舟楫，更无法在宗庙社稷中得到使用。最后古楠只好“甘老于穷山寂寞之乡”，令人生出“不遇”的第二种感慨来。

从“不遇”的历史中，可以离析出两个重要的限定条件（即何种情况可以称为“不遇”）。而借助《三国志演义》中水镜先生的一句话：“虽得其主，不得其时”，我们便可知“主”与“时”正是“不遇”的限定条件。在宗泽的《古楠赋》中，“不得其时”正是赋予古楠“不遇”的第一种感慨，“不得其主”则是赋予古楠“不遇”的第二种感慨。然而“悟已往之不谏，知来者之可追”，“不得其时”的感慨正是给“不得其主”的感慨铺垫的，所以到此处，宗泽完成了对严武心境的复刻，转而到了对史俊情感的阐发——“待良工”。

不过，正如古楠并没有作为可以使用的珍贵木材离开蜀中，良工之待终究是一个不符合现实的士人心境的理想化的期许，文章一泻千里的情感仍然需要收束。

三、超越“匠石之梦”式的回答

在《庄子·人间世》中，有一个匠石梦与树神辩论的故事。故事大概是说匠石经过齐国曲辕这个地方时，遇见一颗极高极大的栎树。但是拥有精湛木工技能的匠石对这棵树不屑一顾，匠石的弟子非常奇怪，他们向匠石请教，匠石说这棵栎树的材质既不能造舟，也不能做棺材，制成木器或是制成门窗，都非常容易蠹坏，所以才能长得极高极大。到了夜晚，这棵栎树树神来同匠石辩论，它说：“像柑橘桃李之类的树木，因为其甘美的果实而受人摧折，往往不能得享天年，现在我以无用之材，得以享受天年，像你这样行将就木的‘散人’，又怎么能完全知晓我这种‘散木’呢？”匠石最终被栎树树神折服了。

这个寓言出自善于养生的庄子笔下，在后世如同曳尾于涂的故事一样为人所知。宗泽在《古楠赋》的行文里，显然是有意借鉴了庄子的这个叙事模式，他在接下来“主人”回答中写道：

> 噫！谓子知我，乃不吾知！吾生于斯，长于斯，始于毫末，至于十围。雨露不吾遗，霜雪不吾欺。春兮秋兮，吾不知代谢之有期；汉兮唐兮，吾不知兴亡

之几时。柯叶颜色，曾无改移，过者千百睥睨焉，不以吾以朴樕辈待之。斧斤之害，亦幸不罹。吾受天地造化之恩，孰有等夷！子之不智，而乃我悲！使子处此，复将奚为？吾非不知强自取，藏器以待时而动；老当益壮，自任以天下之重，倘匠人断而小之，能不浼然而悔痛！乃所愿比不材之樗，同乎无所用。若曰不遇，自有物主之，非吾所能为，姑亦付之一梦。

在古楠向客的回答中，庄子的“无用之用”显然是古楠的情感里（也即作者的情感里）的第二位，第一位仍旧是“知强自取，藏器以待时而动；老当益壮，自任以天下之重”。易言之，即使这篇赋在故事情节上以《庄子》为拟效对象，但在意识上，却是非常入世的儒家思想。这是宗泽与庄子最突出的不同。

在第二部分中，我们曾说，宗泽把“不遇”作为了议论中心，现在宗泽完成了议论中心的收尾工作。“不遇”虽然是一种现实，但是如果太过主动，则有可能要面对“匠人断而小之”的局面，这反而会令自己受到更多的伤害。因此，古楠回答说它“愿比不材之樗，同乎无所用。若曰不遇，自有物主之，非吾所能为，姑亦付之一梦”。显然，宗泽在这里对其思想进行了折中。于是，宗泽完成了一个超越“匠石之梦”式的回答。

四、余论

宗泽写作《古楠赋》时，无论是北宋王朝还是他自身都在进入一个倒计时。但是，赋文并没有透露出这个王朝或是宗泽自身的颓唐之态。古楠是“贯顽石”而“参苍天”的，这种劲节姿态，同文中所言“老当益壮”是相互照应的。而从宗泽游冶于巴城南山，并有闲情作赋的生活环境来看，似乎也与我们印象里风雨飘摇的王朝末年景象相去甚远。这无疑令人愈发好奇在宗泽的晚年，北宋王朝是如何一步步走向危机的。

回到《古楠赋》本身，宗泽在文中借古楠来表达他的“藏器以待时而动”的人生追求，这令人想到苏轼的名句——“用舍由时，行藏在我。”(《沁园春·孤馆灯青》)宗泽是在嘉祐四年诞生的，而嘉祐二年时，苏轼高中进士。当苏轼在建中靖国元年逝世时，宗泽四十二岁。换言之，作为天才文学家的苏轼，是宗泽前半生里的社会话题。从《古楠赋》来看，宗泽无疑受到了苏轼的影响。这种内敛的文士形象，正是后来人所未曾注意到的宗泽的面貌。而当我们将宗泽写作本赋时的年龄作为一个重要的思考条件，这种内敛的文士形象恐怕才是宗泽的“本体”。

从宗泽最后数年的遭遇来说，《古楠赋》无疑是他表露其晚年心境的述志之作，赋中“自任以天下之重”并不是一句虚语，而是宗泽的人生定论。当然，结合宗泽最后抑郁不得志，疽发背而死的人生结局来看，《古楠赋》又多少显得更偏于文学。历史虽不容假设，但如果宗泽的人生轨迹与苏轼有更多重合，相信作为文士的宗泽会更被人所铭记吧！

（原载2022年1月17日“中华书局1912”微信公众号，作者系中华书局文学编辑室编辑）

《闲情赋》与其他：陶渊明的另一个侧面

汪 煜

作为一个人所周知的隐者，陶渊明的形象一般是高逸、放达的儒士形象。在其身后不久，古今第一“陶粉”的昭明太子萧统，曾有八字评语：“颖脱不群，任真自得。”（萧统《陶渊明传》）历代接受陶渊明、阅读陶渊明的人，大部分也都会从此去勾勒陶渊明的轮廓。然而，在高逸放达、“任真自得”之外，其实陶渊明还有一个侧面。构成这个侧面的文字，甚至让第一“陶粉”萧统不快。这篇文字，便是陶渊明所作的《闲情赋》，而萧统的不快，在他编定《陶渊明集》时写的序里说出来了：

> 白璧微瑕者，惟在《闲情》一赋，扬雄所谓劝百而讽一者，卒无讽谏，何足摇其笔端？惜哉！无是可也。

萧统是中国文学史上一个很重要的人物，他主持编纂的《文选》，截取了梁代以前中国文学的精华，于是后代想要介入梁代以前的中国文学，都离不开《文选》这面镜子。现在，作为一个编定《陶渊明集》而饱览陶渊明诗文的人，下了一个这样的评语，自然要引起后来人的争议、讨论。例如古今第二“陶粉”、大文豪苏轼，便驳斥萧统说：

渊明《闲情赋》，正所谓《国风》好色而不淫，正使不及《周南》，与屈、宋所陈何异，而统乃讥之，此乃小儿强作解事者。

“白璧微瑕”也好，“与屈、宋所陈何异”也罢，作为一篇六朝辞赋，《闲情赋》总算是在中国文学史上露了脸，留了给后人接触陶渊明另一个侧面、介入陶渊明生活的机会。下面，我们来看看这篇被萧统批评、苏轼褒扬的辞赋。

在《闲情赋》的开头，陶渊明曾用八十五个字交代了他撰写这篇文字的因缘。他是这么说的：

初，张衡作《定情赋》，蔡邕作《静情赋》，检逸辞而宗澹泊，始则荡以思虑，而终归闲正。将以抑流宕之邪心，谅有助于讽谏。缀文之士，奕代继作。并固触类，广其辞义。余园闾多暇，复染翰为之。虽文妙不足，庶不谬作者之意乎？

从序里，我们大致知道了陶渊明创作时的一些信息。“园闾多暇”，说的是目前现实生活的宽松；“奕代继作”，说的是历史给予的动力。两点缺了哪一个，都触发不了陶渊明写作的情绪。另外，这篇序里还透露出一点，陶渊明是将张衡《定情赋》、蔡邕《静情赋》作为自己创作动机的原点的，这非常重要。因为后代人在阅读《闲情赋》时，似乎是受了苏轼的“暗示”、萧统的“刺激”，往往会将屈原写的《九歌》《离骚》、宋玉作的《登徒子好色赋》《神女赋》《高唐赋》作为《闲情赋》潜藏的“血脉始祖”。但是，从序文里可知，激发陶渊明创作兴趣的，就是张、蔡二人的作品。

在赋文的开头，陶渊明摹写了一幅极为光彩动人的“女神图”。赋文是这么说的：

> 夫何瑰逸之令姿，独旷世以秀群。表倾城之艳色，期有德于传闻。佩鸣玉以比洁，齐幽兰以争芬。淡柔情于俗内，负雅志于高云。悲晨曦之易夕，感人生之长勤。同一尽于百年，何欢寡而愁殷。褰朱帏而正坐，泛清瑟以自欣。送纤指之余好，攘皓袖之缤纷。瞬美目以流眄，含言笑而不分。曲调将半，景落西轩。悲商叩林，白云依山。仰睇天路，俯促鸣弦。神仪妩媚，举止详妍。

赋文重点在于描写女子的仪态，而并不描写女子的容貌。这是很关键的一点，因为宋玉《登徒子好色赋》中描写暗恋宋玉的“东家之子”，“惑阳城，迷下蔡”的美貌是其着力的重点。《闲情赋》开篇突出女子的仪态（神仪），可见陶渊明的心目中，藐姑射之山的仙人比洛水的神女要更具有追求的价值。

紧接着，赋文开始描写“主人公”追求这位女子的全过程。首先是“致辞”：

激清音以感余，愿接膝以交言。
欲自往以结誓，惧冒礼之为諐。
待凤鸟以致辞，恐他人之我先。
意惶惑而靡宁，魂须臾而九迁。
愿在衣而为领，承华首之余芳；
悲罗襟之宵离，怨秋夜之未央。
愿在裳而为带，束窈窕之纤身；
嗟温凉之异气，或脱故而服新。
愿在发而为泽，刷玄鬓于颓肩；
悲佳人之屡沐，从白水以枯煎。
愿在眉而为黛，随瞻视以闲扬；
悲脂粉之尚鲜，或取毁于华妆。
愿在莞而为席，安弱体于三秋；
悲文茵之代御，方经年而见求。

愿在丝而为履，附素足以周旋；
悲行止之有节，空委弃于床前。
愿在昼而为影，常依形而西东；
悲高树之多荫，慨有时而不同。
愿在夜而为烛，照玉容于两楹；
悲扶桑之舒光，奄灭景而藏明。
愿在竹而为扇，含凄飙于柔握；
悲白露之晨零，顾襟袖以缅邈。
愿在木而为桐，作膝上之鸣琴；
悲乐极以哀来，终推我而辍音。

紧接着是行动（步）：

考所愿而必违，徒契契以苦心。
拥劳情而罔诉，步容与于南林。
栖木兰之遗露，翳青松之余阴。
傥行行之有觌，交欣惧于中襟。
竟寂寞而无见，独悁想以空寻。
敛轻裾以复路，瞻夕阳而流叹。
步徙倚以忘趣，色惨凄而矜颜。

最后是自伤（悼、恨）：

叶燮燮以去条，气凄凄而就寒。
日负影以偕没，月媚景于云端。

鸟凄声以孤归，兽索偶而不还。
悼当年之晚暮，恨兹岁之欲殚。
思宵梦以从之，神飘飘而不安。
若凭舟之失棹，譬缘崖而无攀。

从言到行，从致意到自哀，陶渊明写完了“主人公”外在的痴恋和内心的波澜。如果不是序言中说了“园闾多暇”“奕代继作”，恐怕就要真认为这篇文章是陶渊明在追溯他的一段青春往事，在悼念他的一场雪月风花。这倒也说明，陶渊明描写“主人公”徘徊不去、缠绵不尽的内外纠葛，确实值得评价一句“溢出心底，深入骨髓”。当然，如果赋文只是结束于此，它就不过从主题上归类进《秦风》的《蒹葭》，在笔态上贴近于张衡的《四愁》，而完不成序文中的“始则荡以思虑，而终归闲正”。于是在赋文结尾，陶渊明写到：

于时毕昴盈轩，北风凄凄。耿耿不寐，众念徘徊。起摄带以伺晨，繁霜粲于素阶。鸡敛翅而未鸣，笛流远以清哀。始妙密以闲和，终寥亮而藏摧。意夫人之在兹，托行云以送怀。行云逝而无语，时奄冉而就过。徒勤思以自悲，终阻山而滞河。迎清风以祛累，寄弱志于归波。尤蔓草之为会，诵邵南之余歌。坦万虑以存诚，憩遥情于八遐。

“主人公”最后终于是“迎清风以祛累，寄弱志于归波”，宽容自己，放下执念。《闲情赋》最终的目的——“抑流宕之邪心”——完成了。从这里似乎也可以窥见陶渊明所言的“邪心”是什么。理想在彼岸，而要找到它需要渡过一条极宽的大河，与其深厉浅揭地委曲求得，不如托于江边的行云。这是陶渊明最后的“诚心”。

在赋文里，“行云”是一个极其重要的存在。而结合陶渊明诸多的诗文，我们可知陶渊明对云这个意象有独特的寄托。例如他曾经写过一篇《停云》，借停云来说“思亲友”。又例如他在《归鸟》诗中说“遇云颉颃”，来刻画归鸟在浮空中的神态。当然，最为人所熟知的，是他在《归去来兮辞》中的名句：“云无心以出岫，鸟倦飞而知还。”回到《闲情赋》本身，行云作为一个“逝而无语”的形象，可以说是使主人公“归闲正”、“抑流宕”的一个重要“工具”，正是由于可以“送怀”，所以积蓄在内心的“求不得”的情感才可以逐渐抚平。作为一篇有头有尾的赋文，有了行云，结构才得以完整，逻辑才得以通顺。

从“情赋”体裁看，陶渊明《闲情赋》的章法是仍其旧贯的，萧统评价说：“卒无讽谏，何足摇其笔端？”看来有些立不住脚。明代的张自烈、清代的孙人龙同样是在这个意义上对昭明太子不快的。然而，细细检阅，萧统的评价，却不能说是“无稽之谈”。

钱锺书先生曾在《管锥编》中说：“《艺文类聚》卷

十八‘美妇人’门引蔡邕赋题作《检逸赋》，复引陈琳、阮瑀各有《止欲赋》，王粲《闲邪赋》，应玚《正情赋》，曹植《静思赋》等，而独不取陶潜此赋，亦窥初唐于潜之词章尚未重视也。”《艺文类聚》卷十八“美妇人”门其实还引了张衡的《定情赋》，换句话说，作为陶渊明模拟的祖源，张、蔡二人的作品都收入了《艺文类聚》，但是陶赋没有，这恐怕是当时陶渊明尚得不到重视的缘故。其实，不只是《艺文类聚》，南朝重要的文学批评著作《诗品》中，就将陶渊明列为中品，并下评语云：

> 其源出于应璩，又协左思风力。文体省净，殆无长语。笃意真古，辞兴婉惬。每观其文，想其人德。世叹其质直。至如“懽言醉春酒”“日暮天无云”，风华清靡，岂直为田家语邪？古今隐逸诗人之宗也。

这是窥见南朝时文学批评风潮的最佳例证。换言之，陶渊明的《闲情赋》在当时得不到有如后世推崇般的赞赏，有其时代因素。萧统是这个时代中的“宠儿”，他是无法“跳出三界外，不在五行中”的。

当然，后来人从萧统本身立论，或者说其执有的文学观念从发，认为《文选》中收了《登徒子好色赋》《神女赋》《高唐赋》而对陶渊明的《闲情赋》持“无是可也”的态度，是自相矛盾的。其实，《文选》“情赋类”所收宋玉之赋、曹植之赋，皆对所摹写的女子极尽夸张之能事，秾艳异常，可以说是南朝宫体文学的滥觞。而从萧统持有赋体文学“劝百讽一”的文学功能角度出发，宋、曹二人之赋，切近当时王室高第的日常生活。正言反说，显然是面对公孙王子的一剂“猛药”。但《闲情赋》不是这样的。

《闲情赋》是一个“园闾多暇”的人所写的，赋里的女子形象，同宋、曹二人一对比，更接近餐风饮露、不染俗尘的仙人。在中古时代，这种仙人往往还意味着道德完备。这是从《庄子》《列子》书中脱胎的“真人”。这样的“真人”，可以从茂密的山林中寻找，可以从辽阔的荒野中邂逅，但一定不会在椒香粉腻、钗饰梅妆的宫殿中遇见。所以，《闲情赋》的预设读者，并不是方丈之食、侍妾数百的帝子公侯。而结合陶渊明的人生际遇，《闲情赋》要规劝讽谏的，似乎是陶渊明自己，而不是他人。萧统作为一个锦衣玉食的“外来读者”，接触《闲情赋》下提出“卒无讽谏”，不亦宜乎？刘奕先生用“边境”文学的概念定位陶渊明的坐标，此处正可以用“边境”文学的概念定位《闲情赋》在“情赋”文类中的坐标（详参刘奕《诚与真：陶渊明考论》第249—256页）。

《闲情赋》细腻的刻画，悱恻的情感，折射出的作者形象是一个“有情人”，但我们知道，隐士是淡情之人，高士是旷情之人，淡情与旷情，常常不会令人觉得这位“士人”发生男女爱情的纠葛。而“有情人”为“有情语”，如无切实体会，如何活灵活现地现于人前，触人心弦？

中国文学审美中有“每观其文，想其人德”的传统，又有“知人论世，以意逆志”的文学批评手段，在这两者交融之下，对不同人物的同一主题的篇章，往往能形成差异化乃至相互对立的解读。如清代刘光蕡以为《闲情赋》是遗民愤语，就是结合了陶渊明生平中隐士高士的形象来给出他的评价的。

然而，既然为“有情人”，又何须就其遗民故臣的身份去读这篇不可多得的“边境”之文呢？陶渊明曾在《形影神》一诗中说：“立善常所欣，谁当为汝誉？甚念伤吾生，正宜委运去。纵浪大化中，不喜亦不惧。应尽便须尽，无复独多虑。”《闲情赋》是陶渊明“应尽便须尽”思想的外化，在“应尽便须尽”中，陶渊明的情感诚挚、热烈、真实。这位田园诗、隐逸诗里的“羲皇上人”，在南山之下，其啸也歌。

（原载2022年8月12日“中华书局1912”微信公众号，作者系中华书局文学编辑室编辑）

由新出《朱彝尊全集》略论明清学者全集之整理

聂丽娟

近三十年来，出版界涌现“全集”风，对于中国历代重要的学者、作家，都喜出版其全集。程章灿说：“整理和出版古代作家作品，有必要采取全集的方式。这不仅是学术研究界的需要，也是文化出版业自身的需要。”（《新世纪明清人全集整理出版的现状、成绩与问题》）这其中，政府乐支持，学者喜参与，读者有需求，出版社很积极，诸方目的一致，于是成就了“全集”类图书出版的独特现象。

当然，能够冠以“全集”之名出版的，肯定是名家大家，其著述皆有存世之价值。比如朱彝尊，他是清初著名诗人、词人，其学术也颇受同代的耆宿大儒所敬重。《清史稿》评曰：“当时王士禛工诗，汪琬工文，毛奇龄工考据，独彝尊兼有众长。”作为后世的读者，自然会有这样的希望，那就是通过一部全集，可以综观朱彝尊诗、文、词、考据等的总体面相。2019年之前，朱彝尊的著作合集尚未完整出版过，但其重要著作如《经义考》《曝书亭集》《腾笑集》《江湖载酒集》《静志居琴趣》《茶烟阁体物词》《蕃锦集》《鸳鸯湖棹歌》《明诗综》《词综》《静志居诗话》等，皆有单行本出版。其中如《经义考》一书，大陆、台湾地区已经出版了至少六个版本。只不过，在不同出版社、不同年份出版的朱彝尊的各部著作，似很难聚集在同一位读者的书架上，读书人心目中还是很期待着一套美善的朱彝尊全集的出现。

或是机缘巧合，近年来居然先后有三种朱彝尊的全集相继推出，分别是李圣华、周翔主编《朱彝尊文献辑刊》影印本（北京燕山出版社，2019年，78册）、沈红梅主编《朱彝尊全集》影印本（国家图书馆出版社，2021年，50册）、沈松勤主编《朱彝尊全集》点校本（浙江大学出版社，2022年，21册）。四年之间有两种影印与一种点校的朱彝尊全集出版，已然引起学界瞩目。最新的浙大版《朱彝尊全集》是沈松勤主编、多位学者参与的点校整理本，且得到了国家古籍整理出版项目和“浙江文献集成”项目的重点支持，故拟以之为探讨起点，就明清学者全集的整理谈几点理解与体会。

一、全集之定名

当今的古籍整理，于学者全集多以“作者代称＋全集”的形式定名，这是相对稳妥的一种定名形式，并且也于古有征，如《陶渊明全集》《李太白全集》《苏东坡全集》《曾文正公全集》等；今人重编古人全集则径以“作者姓名+全集”的形式定名，如浙大版《朱彝尊全集》等是也。如果编者更加意在突出其全，也会定名作“大全集”，如刘克庄《后村先生大全集》、王恽《秋涧先生大全集》、高启《高太史大全集》、归有光《震川大全集》等。传统的学者全集，除了“全集”“大全集”之外，还有如下定名的类型：一是“全书”，如朱熹《朱子全书》、王夫之《船山全书》、傅山《傅山全书》、李鸿章《李文忠公全书》、俞樾《春在堂全书》等，既收诗文集，也收四部著述和杂著；二是“遗书”，如邵雍《邵氏遗书》、汤斌《汤子遗书》、王念孙《高邮王氏遗书》、章学诚《章氏遗书》等；三是“合集”，如毛奇龄《西河合集》、陈鹏年《沧洲合集》、刘家谋《芑川合集》、梁启超《饮冰室合集》等。

杨绛在《钱锺书对〈钱锺书集〉的态度》一文中说：“他不愿意出《全集》，认为自己的作品不值得全部收集。”这一观点，可以说代表了历代为数不少的学者对自己作品结集的态度。不过，从读者、研究者层面看，却更希望一位学者的全集是“全部囊括”的——凡是作者形于笔端的有意义的文字和记录下来的言论都应在全集的收录之列（王玉娟《新时期“全集”的出版特点》）。由于钱锺书的坚持，他的全集最终以《钱锺书集》的定名形式在三联书店出版。2021年广陵书社陆续出版的，由程章灿主编的《阮元集》，也是考虑到“阮元著述繁复，版本众多，整理出版全集抉择不易，所以先以《阮元集》为名，陆续出版阮元重要著述”。诸家观点汇总而观的话，如果以“全集”定名，就应尽大努力地去解决明清学者著述门类繁复、版本众多的问题。浙大版《朱彝尊全集》在精校《四部丛刊》影印清康熙刻本《曝书亭集》的基础上，遍勘朱氏《南车草》《竹垞文类》《腾笑集》等专集以及传世遗墨，将逸在各处的集外诗文汇聚为《曝书亭集外诗文补辑》十一卷、《曝书亭集外诗文续补》三卷，为我们呈现出了朱彝尊诗文的全貌。治文学史者倘欲发论，则这十四卷诗文便是通读之后“不无小补”的新资料。

二、影印与点校之择取

影印与点校，是古籍整理并辔而行的两架马车。众所习闻的多种经典著作，大都有了不止一种影印本和点校本。即以明清学者的全集出版来看，近年也逐渐呈现互补双美的状貌。俞樾《春在堂全书》既有影印本（凤凰出版社，2010年），更有《俞樾全集》点校本两种（浙江古籍出版社，2018年；凤凰出版社，2021年）。一如前揭所提及的朱彝尊的全集，亦复如是。

全集的编纂，其读者意识是极为重要的。主事者事先当考虑此一全集整理出来的主要功能是供阅读使用的，还是供查阅翻检的。如是前者，需要点校；如是后者，适合影印。影印的长处在于存真，点校的长处则在于集众善于一本。不过，倘若处置不当的话，影印容易导致版刻各本的丛脞杂陈，而点校则可能出现体例变乱及文字讹误。影印古籍在存真方面，确实有着独到的长处，正如李开升所论“古籍之为文物”，影印本存留了古籍编刻时成体系的历史痕迹，对于专业研究者而言，这些历史痕迹本身可能蕴含着丰富的学术信息，从中可窥探书籍史的脉络乃至民族文化传统与时代心理的诸多面相。从这个意义而言，点校本的重点是底本选择得体，校记写作规范，标点符合文意，文本值得信赖，从而读者可以方便使用。就浙大版《朱彝尊全集》而论，《经义考》《日下旧闻》《静志居诗话》《曝书亭集》皆选取了见存最善之本，校勘记则缀于每卷之末，体例清朗。

从点校本的工作体量而言，明清学者全集的整理，很多都是“书成众手”，且有的迫于程限，很难像整理单部诗文集那样进行深度校笺。不过，浙大版《朱彝尊全集》的《曝书亭集》部分，在《曝书亭集》底本的基础上，又参校清人杨谦《曝书亭集诗注》、何绍基《曝书亭集》之批注、李富孙《曝书亭集词注》以及佚名批《曝书亭集词注》，对底本字句存在的鲁鱼亥豕之处多有校正；《静志居诗话》尽管有黄君坦整理本（人民文学出版社，1990 年）可资参考，但陶然不止步于此，进而与康熙六峰阁刻本

《明诗综》对勘，改正了颇多缺误，尤便于学林。相比较而言，《经义考》部分，尽管也有校勘，然对校本主要取用了文渊阁《四库全书》本和《四部备要》影印本，学界较新的研究成果似未悉数融用，在精善方面亦有可待完备之处。

三、编纂体例之设定

一部全集的编纂，其编纂方法、体例尤为重要。收录的原则、标准、体例，底本的选择，校本和校记的呈现，乃至附录的取舍等，尽管没有一律之绳矩，但还是应有妥善的规划。从一般意义上来说，明清学者的全集整理，倘若有较为精善的底本，则易于蒇事。像岳麓版《曾国藩全集》所依据的底本为清传忠书局刻本《曾文正公全集》，该书由李翰章主持编纂，李鸿章主持校订，投入巨大的人力物力，体例完备，刊刻精审。也正是具备了这样一层先天的有利条件，岳麓版《曾国藩全集》出版以来，颇得口碑。

有一点需要提出单独讨论，那就是依据刻本进行点校整理时的体例迁移问题。举一例说明，清乾隆刻本朱彝尊《经义考》的条目，于作者皆采用小字标识讳名的体例，如“林氏栗《论语知新》”“叶氏隆古《论语解义》”等。当今颇多古籍整理，对此类体例有的直接抹去，径自整理作“林氏栗《论语知新》”“叶氏隆古《论语解义》”，其实并不妥当。因为避讳表敬，是古代社会中一个久远又深入人心的文化传统。浙大版《朱彝尊全集》也注意及此，于是采用了不同字体来加以区分，条目作楷体字，而名讳作宋体字："林氏栗《论语知新》""叶氏隆古《论语解义》"。这样的排布使得版面看起来不够眉目清秀，且作为一般读者而言，不大会关注（甚至分不清）楷体字和宋体字的区分，更何况宋体字与楷体字的区别度也不是那么明显。

由于全集所收入的著作，内容性质各有不同，若经史子集，原本各有各的体例，收入到全集，可以保留原来各书自有之体例，不必强求一致。不过，在版式设计上（如字体、字号、占行、退格等），宜尽量做到全书的照应。

四、全集之去取

这可能也是最重要的问题。明清时期，学者全集的编纂往往受时代观念、去取义例甚至"书法""义法"的影响，基本会有删汰。比如，吴汝纶为李鸿章编《李文忠公全书》，便以"辩诬止谤"为宗旨："某区区欲删定合肥文集，不欲使贤相令名淹没于悠悠之口，以为功名本末具在此书也。"（吴汝纶《与周玉山书》）这一理念的结果，便是搜集长编 1700 万字，付梓时仅留 700 余万字——甲午后之文墨，大部不存。但时过境迁，一位学者所认为的未必具有"学术"意义、"史料"意义的文字，或者在当时的历史情境中被认为于作者声名有玷污之文字，在今天或将来的读者、研究者那里，却具有重要的“学术史”意义。因此，“全集”求全，自是题中应有之义。

但是，求全并不意味着细大不捐。祝晓风曾指出，“全集”不是“丛书”(《〈钟敬文全集〉编纂的主要问题》)，这一看法很具有启发性。明清学者喜作选本、注本、评本，在编纂其全集时，此类单行的书是否收入，很值得思考。2021年出版的《沈德潜全集》(凤凰出版社，2021年)，共十五册，其中沈德潜的诗文、诗评、两《唐书》考证、年谱、附录等共占四册，第五册至第十五册收录的是沈德潜的《古诗源》《唐诗别裁集》《唐宋八家文读本》《明诗别裁集》《清诗别裁集》等诗文选本。编一套《沈德潜全集》，这类选本如果全收，稍有喧宾夺主之势；如果不收，则其诗选、文选中所留有一定量的沈氏评点文字，又弃之可惜。一个相对折中且已有学者进行过实践的做法，便是存录诗题及评点，而不存其所选录的原诗。如钱谦益《钱牧斋全集》(上海古籍出版社，2003年)，对于《列朝诗集》不录诗选，仅录小传；黄宗羲《黄宗羲全集》也不收《明文案》。从这个维度看，浙大版《朱彝尊全集》收《静志居诗话》而不收《明诗综》，是很值得称道的。

民国以后存在比较多的“非单一作者文献”，而明清则存在比较多的“不明确作者文献”。比如要编阮元的全集，他的诗文集如《揅经室集》，自著如《诗书古训》《二家诗补遗》等，自应收入。另有一些是阮元主持编纂的著述，较著名者如《山左金石志》，虽题为毕沅、阮元同撰，实际是在阮元的主持下由其幕僚所纂，亦应收入。然而，像署名阮元所辑的《淮海英灵集》，是否要收入呢？此书编录清扬州865名诗人的2488首诗作，仅于诗人名下有小传，诗作中既无评点，也无注解，进入全集是否合适呢？如果《淮海英灵集》不宜收入的话，那么由《淮海英灵集》所影响而产生的《淮海英灵续集》，本系阮亨主持补纂，就更不宜收了。

明清学人全集的出版，还可能存在以大包小的情况。以顾祖禹为例，其生平著述，以《读史方舆纪要》一百三十卷为最著；至于诗文，本有集曰《宛溪集》，稿本未刻，遂尔佚失。《梁溪诗钞》《海虞诗话》存录一二，《晚晴簃诗汇》卷十五辑录《送王石谷恽正叔》《过石谷秦淮水阁看画鹊华秋色图》《送魏叔子还宁都》《甲辰九日感事》四首。今天倘要编纂《顾祖禹全集》，除《读史方舆纪要》之外，诗文杂著集聚一处，或仅有一卷之量。考虑到《读史方舆纪要》已先后出版有影印本（上海书店出版社，1998年）和施和金、贺次君精校整理本（中华书局，2005年），那么再出《顾祖禹全集》的话，就很难避免“重复整理”之评了。

为求完备，浙大版《朱彝尊全集》点校本从清代稀见文献与绘画中，又辑得朱彝尊大量诗文、题跋，还搜集了有关朱彝尊的传记、碑志、行述、轶事、序跋以及清杨谦所撰《年谱》等相关资料作为《附录》，列于《全集》末册，可以说是一册“朱彝尊研究资料汇编”。另一方面，浙大版《朱彝尊全集》点校本与国图版《朱彝尊全集》影印本相比，也有部分朱彝尊的稀见典籍未及收录。明清学者，往往兼治四部，诗文著作颇多。像朱彝尊这样的大家通人，其学术之规划必然宏大，自然也就留下了不少未完、未就、未刊之作，散在四方；其著作书目先后经吴梁、杜泽逊、崔晓新、王卓华、张宗友等学者考订，已经勾勒出了朱彝尊著述的整体图景。其中有几种珍稀文献，如《金风亭长书目五种》《曝书亭书目》，系朱彝尊手自纂订，分别藏于中国国家图书馆、天津图书馆。国图版《朱彝尊全集》皆已影印，如果点校本不拟重收，其实可在目录中标识“存目”，以备读者查检。

翻览浙大版《朱彝尊全集》点校本，引起我对全集出版现状的几点体会和思考。全集的整理规制没有必然如彼或如此的要求，但在各类全集陆续推出之后，我们有必要不断汇集各方意见，总结经验（尤其是教训），提高新的编纂认知，探索新的整理方式，出版符合作者、文本以及读者需求的多维关注的图书产品。

（原载 2022 年 12 月 5 日《光明日报》，作者系中华书局文学编辑室编辑）

再说《春游琐谈》

李世文

一

二十世纪八十年代以后，健在的一些作者很少在公开文字中谈论《春游琐谈》。长期任教于吉林大学历史系的罗继祖，大概是唯一的例外，他曾多次对张伯驹和《春游琐谈》表达感念之情，如在写于1980年12月23日的《枫窗脞语》（中华书局1984年版）序中说：

> 予之试写笔记，始于丛碧翁之《春游琐谈》。于时三五招携，析奇赏异，每集，翁必索所作，将荟萃之以为谈资也。

1982年张伯驹去世后，罗继祖又写下了《从〈春游琐谈〉到所谓春游社——忆张伯驹先生》以为纪念，其中披露：

> 张老序中有“皆春游中人也”一句，就有人在春游下有意识地给添个“社”字，说是秘密结社。我们学校的保卫部为此大事侦查（因为在“文化大革命”前判案还重证据……），历史系煞有介事地开会座谈。我那时在北京中华书局，这些都是事后才知道的。（《鲁诗堂谈往录》，上海书店出版社2001年版，328页）

罗继祖自1963年秋至1966年夏，借调至中华书局参加“二十四史”校点工作，吉林大学保卫部“大事侦查”，并在历史系开座谈会的事情，罗继祖虽然是听说，但“后于系档案中见当日座谈记录”（《鲁诗堂谈往录》，203页），信非虚言。这次或明或暗的调查，影响似并不大，但此后的“革命”风暴中，“我们这些人一个也没漏掉。在我的‘大字报’上，给加上‘春游社黑干将’的头衔，因为我在《琐谈》里写的较多的缘故”，不过，终究也是不了了之，“到‘清队时’，‘春游社’算是查无实据了结”（《鲁诗堂谈往录》，328页）。于省吾在写于1969年1月9日的材料中辩解“有人把以上的聚会称之为‘春游社’的聚会，其实，大家并没有‘春游社’这一名称的拟定。张伯驹曾有《春游琐谈》这种杂著，因而有人改称为‘春游社’”（2013年12月西泠印社秋拍），也是其中的插曲。

此即罗继祖挽张伯驹联中“春游几卷续乌台”的本事。

《长春文史资料》总第五十七辑《长春市县（市）区政协文史资料选编》（长春文史资料编辑部1999年编印）曾刊载罗继祖1966年至1969年的部分日记，据注释者王庆祥所撰前言，罗继祖“是在特殊政治背景下，也是在‘监督小组’的强制之下写出这些日记的”，“他自己一直保存到‘文革’结束的一天。到了八十年代初，老师年及古稀之际，又亲自把这五本日记郑重交给了我”（181页）。这里摘录两处谈及“春游社”之语，作为前文补证：

> 春游社当时并没有结社，只是到张伯驹家聊聊天，三个主义学习时即被揭发，以后我就和张不往来了。（1966年10月8日，193—194页）
>
> 今天《长春日报》……提到“春游（社）”，说东北文史研究所也成为“春游（社）”成员集合聚会之地，完全不是事实。张伯驹住的柳条路25号的房子本是研究所的宿舍，所以钟泰与张同住，我们到张家时，有时也见到钟泰，钟是地道的理学家，和张兴趣不同，我们和钟也很少打交道……我到北京以后，听说张伯驹搬出，主要因为与钟合不来的关系。研究所我没有去过一次，在市内什么地方，我到今天还不知道，所以谈研究所是“春游（社）”集合之地这句

话，要待考，起码我［未］去北京以前没有到研究所一次，别人去过没有，我就不知道了……（1966年12月17日，235页）

二

自1948年秋结识张伯驹，此后与张伯驹成为忘年之交的周汝昌，是《春游琐谈》最年轻的几位作者之一。张伯驹去世后，周先生曾写过《〈脂砚小记〉附记》《什刹海边忆故交——追忆张伯驹先生》《承泽园轶事》《张伯驹词集序》《〈一代名士张伯驹〉序》《黄叶山村入画图——纪念曹雪芹逝世240周年》《先生有知领我微意》等多篇回忆张伯驹、潘素的文字，均未涉及《春游琐谈》。不过终于还是找到了一篇访谈资料，1986年3月，周汝昌对来访的中州古籍出版社版《春游琐谈》责任编辑张弦生说：

张伯驹先生是这本书的主编，又是主要撰稿人，不过主意是我帮助出的。我在燕京大学读书时，张老在那里作兼职教授……他走的不是学术研究的路，没写过大块头文章，但他经史子集，皆有心得，腹笥渊然，没有冬烘学究气。他是有盛名的贵公子、富饶的文物收藏家，又是词人，与前清的翰林、民国的要员等许多风云人物有交往，自己又有一些很特殊的经历。五六十年代时，许多人不了解他，很有些寂寞。

我劝他把自己经历的一些事写下来，一行字两行字，一条两条地积累。中国历来有笔记的传统，眼下看来也许是不起眼的小事，将来就很珍贵了。张老很认真地听取了我的建议，不但自己写，还组织了春游社，请别人也参加写。到 1965 年竟集成有六卷之多，张老自费刻印，装订成册。(《著名红学家周汝昌先生谈〈春游琐谈〉和古籍整理》，原载《中州书林》1986 年 7 月 25 日第 2 版，见张弦生《鸿爪雪泥录》，香港天马图书公司 2004 年版，42—43 页)

“不过主意是我帮助出的”“劝他把自己经历的一些事写下来，一行字两行字，一条两条地积累”等语，虽是出自访谈记录，揆诸二人关系，或可以作为当日情形的参考。笔者将该文发给周伦玲女士，承示周汝昌先生未刊遗稿《〈春游琐谈〉与书法》，其中也谈道：

六十年代，张先生平生才学无所施展运用，因而既抱寂寞之怀，又乏派遣之计，所向多不如意，我便写信给他，大意云：古人名世之作，不一定都是经典大著，堂皇正册……（中略）您平生所历甚富，何不将人所不知的见闻、游历、交往、收藏、社会习惯、时局变迁……随时即兴，不拘短长，记为散篇，积日稍久，即可勒为一编。何乐而不为？张先生得吾此言，立即开始了写作，数篇之后，觉得个人究竟可

> 写的有限，恐难成编，灵机一动，就分头去邀请诗词界收藏界的友好相识者都来贡稿，于是，很快就积成了六卷。

访谈录下文还说：

> 这部书当时参加写的人多，质量参差不齐，有的甚至是抄袭，我就写信给张老建议他将这些文章删去。书的撰稿人署名是按年龄排的，我是倒数第三名，还算其中年轻者。（《鸿爪雪泥录》，43页）

《春游琐谈》本非正式出版物，偶有文字剿袭前人，也是笔记之体的传统，即使叙述亲历亲闻的内容，也不免由于主客观的原因而不能完全凭借作为信史，第一集中的张伯驹《隋展子虔游春图》就属此例（张伯驹收购《游春图》始末，张恩岭《张伯驹传》第五章中曾据马宝山《展子虔〈游春图〉》、马宝山之子马国庆《长春救宝记》及《当代》1991年第2期所刊马霁川之女马淑一《读者来信》等资料详为辨析。河南人民出版社2018年版，119—128页）。白化文先生在《踪迹在炎凉而外，风流似魏晋之间——评介张伯驹先生的〈春游社琐谈·素月楼联语〉》（《书品》1998年第5期）中也曾指出：

> 从《春游社琐谈》的内容来看，出于众人之手，水平的不一致自属必然。当时本不为出版而集稿，众

多作者更没有想到日后会公之于读者大众，所以率意命笔者不少。更有个别使用旧材料应付差使的。试举一例，如“袁寒云讽乃父称帝诗”，叠见刘禺生等称引，并非僻典。

周汝昌写给张伯驹的信不知是否存世，但周先生年轻时即有强烈的文献意识，保存了大量师友翰墨，笔者曾获见多通张伯驹致周汝昌书札，其中有两通正可与上文相印证。一通写于“八月卅日”者有云：

> 《琐谈》四集稿，希九月半前草一则寄长春为荷。对《琐谈》稿，尊见甚是，当取舍宜严也。

明显是对周汝昌去函中批评意见的回应。另一通落款时间仅署“廿二日”，其中说“三集中如公孚之《神使鬼差》、慧远之《京官轿夫》、伯弓之《常熟访鹤》均已见他笔记，旧燕、劳人文亦冗长乏味，为短文亦须自有丘壑，如四合院之房舍即索然矣”，可见作为编者的张伯驹也自有判断。

三

《春游琐谈》的编印时间，笼统地说是1962年至1965年，大致不会错。多年前陈晓维先生曾在《可堪白头张公子》一文中，根据张伯驹序言中的“壬寅春”和附于《春游琐谈》各集卷末的作者姓名年龄表，推断前三集印于1962年，后三集印于1963年（见《好书之徒》，中华书局2012年版，176页）。但据《张伯驹牛棚杂记》（香港中华书局2018年版）中“第一集于六二年十月写完”（105页）之语，可知前三集不太可能都印于1962年。细翻《牛棚杂记》，其中有这样的话，“六三年春，王承礼举办学术年会……内容本省历史和艺术方面的文章，还有《春游琐谈》第一集都刊印出来”（55页），则第一集很可能在1963年春才印出。再比对前三集所附作者年龄表，张伯驹（生于1898年）“六十六岁”，按传统的虚岁算法，恰与1963年相合。

我们还可以看一下存在于油印本《春游琐谈》书内的证据。

第二集：

从碧（张伯驹）《脂砚斋所藏薛素素脂砚》中云“今岁癸卯元旦，蜀友戴亮吉君持以示余，因为吉林省博物馆以重值收之”，则此文作于1963年春节后。

从碧《闹红集》中云“今岁癸卯娄生逝世”，按娄生，即黄复（1890—1963），江苏吴江（今属苏州）人，《春游琐谈》第一集作者，据《中央文史研究馆馆员传略》（增订本），黄复去世于1963年9月3日（中华书局2001年版2014年2印，31页），则此文作于1963年8月后（张伯驹《春游词》中有《鹧鸪天》一阕悼黄复）。

第三集：

玉谷（陈寥士，1898—1970）《萧厔泉、梁公约合画》中云“六年前戊戌，余与陈彦通方恪同游南京夫子庙古董肆……今彦通七十四”，此戊戌是1958年，六年后的1964年，陈方恪（1891—1966，字彦通）恰好虚岁七十四，则此文作于1964年。

进宜（陈直，1901—1980）《记明诗赏奇》，此文当作于作者1964年5、6月在东北文史研究所讲学期间。

第四集：

公孚（恽宝惠，1885—1979）《董元醇与董醇》中云“兹于友人傅和孙案头，得睹咸丰十一年辛酉冬季《搢绅全书》，时适在肃顺等既败之后……此坊本《搢绅》，距今已一百零四年”，咸丰十一年辛酉为1861年，辛酉政变在是年十月，则此文当作于1965年。

进宜（陈直）《记西安传世两汉名人之遗物》末云“一九六四年六月来客长春，拉杂书此，以志多闻”。

从碧（张伯驹）《梅兰芳画梅》中云“壬申正月余三十五岁，畹华为画像幅赠余为寿。画迄今三十二年，余尚珍藏箧中”，壬申为1932年，则此文作于1964年。

晋斋（孙正刚，1919—1980）《夏枝巢读清真词偶记摹本册》中云“今枝巢翁归道山亦已期年”，据《中央文史研究馆馆员传略》（增订本），夏仁虎卒于1963年7月7日，则此文作于1964年6月后。

第六集：

慎之（卢弼，1876—1967）《单云阁诗集序》末云“乙巳首夏序于天津寓庐”，则此文作于1965年旧历四月（公历5月）。

虹南（张润普，1882—1967）《磨石口永定河引水工程》末云“一九六四年十二月至一九六五年三月，已有五百八十二万度”，则此文作于1965年3月后。

晋斋（孙正刚）《少陵诗意册子》文，中云：“余自庚寅岁往谒公岩老人，订忘年交，自是每周休沐日辄聆麈教于重借山庐。余嗜杜句，偶以写陵诗意为请，老人欣然以应。癸巳岁七月遂作画十二帧。”后又云：“壬寅岁（一九六一年）七月老人归道山，今已四稔。而距作画恰一纪。”公岩老人即汪鸾翔（1871—1962），癸巳为1953年，一纪十二年，则此文亦作于1965年。壬寅为1962年，括号内的“一九六一年”，当系油印本误注。补按：汪鸾翔为孙正刚绘《杜少陵诗意册》事在癸巳六月，可见其日记：“画《杜少陵诗意册》，赠孙正刚三十五岁寿七月二十五日生，未成。”（六月二十六日）“续画《杜少陵诗意册》完。”（六月二十七日）（见《汪鸾翔文集·日记卷》下册，727页，清华大学出版社2023年版）

综合以上粗翻所得（如果细检，或有更多佐证），可以推断第二集编成付印的时间不早于1963年9月，第三集编成付印的时间不早于1964年5月，第四集与第五集当不早于 1965 年，第六集不早于 1965 年 5 月。

* 陈晓维兄代为检核油印本《春游琐谈》篇目，谨此致谢。

（原载 2022 年 5 月 19 日《澎湃新闻》，作者系中华书局学术著作出版中心编辑）

突破传统教辅思维，助力新时代语文教学

杜国慧

教辅出版长期以来被公认为出版业的一块大蛋糕，市场需求量大且稳定，许多出版社都有涉足。语文作为高考三大主科之一，相应的教辅图书更是五花八门，市场竞争异常激烈。随着《义务教育语文课程标准（2022 年版）》《高中语文课程标准（2017 年版）》（2020 年修订）的颁布和统编语文教材的推广使用，语文教学辅助类产品的编辑思路到了必须转变的关口。语文教学辅助读物出版的出路在哪儿？中华书局青少年读物编辑部做了深入的思考和具体的探索。

必须突破传统教辅思维，逐步缩小练习册类产品规模

一说起教辅，大家首先想到的就是练习册，它是传统教辅的典型代表。目前语文教辅图书市场上的练习册类产品主要由两部分构成：同步类和应考类。这两类产品的内

容以语文知识点练习为主，出版的目的很明确，就是希望学生读者通过大量做练习来提升考试分数。经过二十世纪八九十年代以来三十多年的发展，市场上拥有了许多成熟且认可度高的产品，以“5・3”系列和“天利38套”为典型代表。这部分市场虽然大，但竞争激烈，已经变成了“红海”。如果想在语文助学出版领域有所突破，就必须要避开同步、应考这种练习册类产品线。中华书局青少年读物编辑部之前在这条产品线上亦有相当成熟的产品——《中考专辑》。《中考专辑》自2006年出版以来，从开始只有人教和苏教两个版本发展到最高峰时拥有六个地方版，得到各地师生的广泛认可。随着时间的推移，在减负的大环境下，语文教育思想从应试技巧向能力培养转变。2016年，综合考虑语文教育发展的趋势和《中考专辑》这条产品线的盈利能力，由编辑部牵头，会同财务部门，决定逐步减少《中考专辑》地方版的数量，缩小这一板块的出版规模，将相关的编辑力量释放出来。经过五年时间，2021年《中考专辑》这条产品线在编辑部主动调整下基本结束。

调整出版结构，依托《新课标》创新产品

舍弃练习册类产品，势必会很大程度影响部门的经营规模和效益。于是，青少年读物编辑部主动调整产品结构，将《中考专辑》工作中释放出来的编辑力量投入到新

产品的开发和生产上。

新产品开发的着眼点在哪儿？编辑部把目光聚焦在《新课标》上。《新课标》是语文教育的风向标，教与学活动都以其为纲领。作为以中小学生为读者对象的出版部门来说，它也是我们编辑工作的指南。编辑部全员深入学习《新课标》始于2011年。2011年，教育部颁布了《义务教育语文课程标准（2011年版）》，强调要多读多写，少做题，弘扬中华优秀传统文化。就在那时，编辑部以《新课标》为导向，结合自身在传统文化出版领域的优势，策划了“中华经典精粹解读”“中华经典故事”“中华文化十万个为什么”“中华蒙学经典”等丛书，共计上百个品种，初步形成了中小学传统文化普及读物产品线，为之后编辑部主动进行产品结构调整奠定了坚实的基础。于是，2016年编辑部在决定有步骤地缩小《中考专辑》等应考类产品规模的时候，依靠之前积累的编辑经验，同时依托中华书局的品牌优势，又大力开发了“中小学传统文化必读经典”“中华传统文化经典研习”等面向中小学生的传统文化普及图书产品，继续扩充了这条具有中华书局特色的产品线。现在，这条产品线已经有相当规模。

同时，考虑到传统文化比重在中高考试卷中逐年增加，编辑部把自身在传统文化出版领域的优势与长期在语文教学辅助读物出版方面积累的经验相结合，针对中学生的传统文化备考需求，出版了《一本书备考中华传统文化

（中考版）》《一本书备考传统文化（高考版）》《红楼梦整本书阅读与研习手册》等传统文化备考类图书，形成一条传统文化备考产品线，受到读者的广泛认可。

2022 年 4 月，教育部颁布了《义务教育语文课程标准（2022 年版）》，其在 2011 年版的基础上，继续强调减负，但同时要求“提质”，以生活为基础，提高学生解决问题的能力；同时提倡跨学科学习。青少年读物编辑部在研读 2011 版新课标的基础上，结合当前教育形势，预测到跨学科学习的重要性，在 2021 年已经出版了“古诗词里的博物志”丛书，从科学、地理名胜、衣食住行等领域跨学科为青少年读者解读古诗词，收到了很好的效果。跨学科产品线才刚刚开始，未来将会有巨大的成长空间。

除此之外，编辑部结合《新课标》精神，摒弃了之前做书一定要有练习题的练习册思路，以中学生为读者对象，尝试做适合中学生阅读的传统文化经典著作的中学生版。目前已经出版了《古文观止（中学生版）》和《论语（中学生版）》等品种，来满足中小学生“整本书阅读”的需求。

现在，青少年读物编辑部避开了竞争激烈的传统教辅产品线，结合中华书局品牌，形成了传统文化备考读物、传统文化普及读物等多条更具中华书局特色的产品线，切实提升了产品的竞争力。

转变思路，满足读者的高端服务需求

现代意义的出版已经不仅仅局限在纸质书的出版上。除了纸质图书，读者对服务的需求也非常明显，因此需要出版者提升服务意识。二十世纪八九十年代是教辅出版的卖方市场时期，也是出版社生产能力竞争的阶段，出版者根本不需要考虑服务的问题。如今是买方市场，内容和质量过硬的产品很重要，但服务也同样重要。二十世纪九十年代末期，代理商进入到教辅销售中，开启了教辅销售的服务时代，但只是比较简单的送货上门服务。现在，送货上门服务常态化，读者已经不满足于这样简单的服务了，讲座、培训、研学活动这些依托出版机构能力组织的服务更受读者欢迎。哪个出版社能提供更权威、更有吸引力的讲座、培训和研学活动，就更有竞争力。这也是出版者在市场竞争中占领一席之地的另一条出路。在产品服务方面，我们通过为《四大名著应该这样读》《古诗词里的地理名胜》等图书举办讲座、进校园等活动有了深刻的体会。这些活动不但能促进纸书的销售，还能扩大出版社的品牌影响力，一举多得。

最后我想说，《义务教育语文课程标准（2022 年版）》《高中语文课程标准（2017 年版）》（2020 年修订）的颁布对所有关注学生读物出版的机构来说都是难得的机遇。中华书局青少年读物编辑部的编辑思路和产品线也会随着

《新课标》而继续调整，创新产品，提供讲座、培训、研学等各种服务，为新时代语文教学助力。

（原载 2022 年 9 月 22 日《新华书目报》，作者系中华书局办公室员工）

企业新型学徒制与新时代出版人才培养

刘冬雪

2021年6月8日，人力资源和社会保障部、财政部、国务院国资委、中华全国总工会、全国工商联五部委联合印发《关于全面推行中国特色企业新型学徒制，加强技能人才培养的指导意见》。看似旨在培养技能人才的国家层面的指导意见，对新时代出版人才培养同样具有借鉴意义。

引入企业新型学徒制的基础与重点

学徒制在我国具有悠久的历史，师徒传帮带的现象在各行各业中广泛存在，出版业也不例外。很多出版社存在返聘退休老编辑一边协助审校或质检、一边带新人的做法。可见，新时代出版人才培养模式在优化过程中向企业新型学徒制“取经”具备一定基础。虽然培养目标存在一定差别，但借企业新型学徒制的东风，出版人才有机会如雨后春笋般趁势而起，推动新时代出版行业的改革与发展。

2021年印发的指导意见标志着政府着手全面推行企业新型学徒制。相关探索始于2015年，从最初搞试点摸索经验，到如今条件成熟可全面铺开，已历时近七年。指导意见中提出的四项基本原则——坚持需求导向，坚持终身培训，坚持校企政联动，坚持以用为本，有些是出版业一直坚持的，有些则对于出版行业优化人才培养模式具有重要启发。

校企政联动是出版业的薄弱环节，也是向企业新型学徒制“取经”的重点，特别是要在校企联合培养方面发力。指导意见中提出的“企校合作，工学交替”方针，从组织形式角度指明了方向，可以为出版业所借鉴。更重要的是，指导意见中提出“三双”培养模式，即培养和评价“双结合”，企业实训基地和院校培训基地“双基地”，企业导师和院校导师“双导师”，其中“双导师”模式是核心。在联合培养过程中，若要打通各关节，顺畅运作，那么高校导师制与企业师徒制的衔接则是重中之重。

校企政联动应用于出版行业的探索

出版业在引入企业新型学徒制时，可以考虑从校企政联动原则中寻求突破，具体建议分述如下：

1. 高校

建议从与编辑人员专业背景关联度最高的几个学科入手，在指定高校中进行试点，积累一定经验后再逐步推广。高校应在教育培养模式方面做出一些调整。比如，在本科教育阶段可采用“2+1+1”培养模式，即学生先入校学习两年，大学三年级进入出版企业实习一年，计入基层工作经历时长，并根据实习鉴定等级折算工龄。大学四年级返校就学一年，并撰写实习调研报告和毕业论文。硕士研究生培养与此类似，可采用“1.5+0.5+1”培养模式，即学生先入校学习一年半，研究生二年级下学期进入出版企业实习半年，研究生三年级返校就学一年。学业成绩优秀的本、硕学生，对于所进入的出版企业应具有优先选择权。

在学生阶段积累一定的基层工作经历时长和工龄，对学生日后的发展大有裨益。社会上若干工作岗位对于基层工作经历时长有一定要求，参加公务员考试时同样如此。而工龄的长短又直接与养老金挂钩，其重要性不言而喻。当然，基层工作经历时长和工龄的认定，有待于政府相关部门的支持和协调。

2. 企业

建议在体制内的国家级出版社进行试点，专人专责推进企业新型学徒制的落实落地。学生入企即视为实习学徒，管理、培训和评价工作应由企业统筹安排。企业应为学生提供必要的劳动保障，并发放一定的实习学徒工资。学生毕业求职时，曾经作为企业实习学徒并在鉴定中被评为“优”的学生，可由企业人力资源部门给予内推资格，在应聘时更具有优势。企业对于实习学徒同样具有选择权。对于无法胜任工作的，企业导师可为之调岗或退回学校二次分配。借鉴企业新型学徒制的培养模式，做适当的变形，并利用好政策优势，有望给企业和人才之间搭建起一个桥梁，在双向选择时有效提升匹配度，为招工难、就业难等问题的解决探索出一种切实可行的办法。

指导意见里提出，鼓励“名师带高徒”“师徒结对子”，以激发师徒主动性和积极性，并鼓励企业建立学徒奖学金、师带徒津贴。建议鼓励老编辑与入职不超过五年的年轻编辑“结对子”，传授工作方法和经验。“结对子”可设置期限，期间年轻编辑即为正式学徒，与学生身份的实习学徒在待遇上有所区别。这体现了出版行业的薪火相传，也更有利于工匠精神的发扬。

3. 政府

若要使得企业新型学徒制在出版行业内“开花结果”，政府全方位的助力不可或缺。就出版业而言，政府在提供职业培训和职业技能鉴定补贴以及其他各项经费支持外，可以在“互联网 +”新业态浪潮席卷整个社会的发展契机下，积极打造出版业校企政联动信息整合平台，进一步盘活资源。

如由政府主导平台搭建，并与专业互联网公司合作开展运营，可以实现综合性服务功能，比如承担企业和学徒之间双向选择的流程确认；促进高校师生与出版行业之间的互动；成为编校人员与业内报刊之间沟通的桥梁；与提供图书行业咨询、调查服务的商业机构，如开卷、中金易云等展开合作，共享行业资讯及相关数据；与知识服务平台，如知网、超星等展开合作，为编校人员提供数据库服务；等等。

出版业编、印、发各环节的全面深化改革急需“活水”。引入中国特色企业新型学徒制，并使之与出版行业更加适配与兼容，无异于往行业内注入一泓清泉，将更有利于推动行业在新时代取得跨越式发展。面对这一政策红利，出版业应快速反应，顺势而为。

（原载2022年3月8日《中国出版传媒商报》，作者系中华书局党群工作部员工）

艺文类聚

从《人世间》联想到“七国之乱”中周亚夫拒不救梁

王守青

热播电视剧《人世间》生动、真实地诠释了中国式的家情怀，因而引起了很多人的共鸣。周志刚夫妇养育了三个子女：长子周秉义、二女周蓉、三子周秉昆。周家三兄妹中，老大和老二都考上了北大，有着光鲜体面的工作，自然成了周家的门面和骄傲。只有老三周秉昆从小学习成绩不好，长大后成为一个普通的工人。周家三兄妹的社会地位悬殊，就难免影响到他们在父母心中的地位。在梁晓声的原著中，周母最看重、疼爱的是有出息的长子和女儿。父母的偏爱引起了周秉昆的伤心和不满：“什么话难听，你说什么话；哪儿疼你抠哪儿，都一个爹一个妈养的，就我没出息……”另一方面，周家父母的偏爱，也助成了周蓉自私、凉薄的个性。

虽说手心手背都是肉，但是在多子女的家庭里，父母很难做到一碗水端平。而在两千年前的帝王家庭，这种偏心的后果就相当严重了。

七国之乱，是发生在西汉景帝时期的一次诸侯王叛乱。七国，是汉初刘邦分封的七个同姓诸侯国：吴国、楚国、赵国、济南国、淄川国、胶东国、胶西国。当时的另一个诸侯国梁国，在梁王刘武的率领下据守国都睢阳。吴、楚要西进势必要经过梁，于是紧急攻打梁国。梁国情势危急，向朝廷求援。领兵的太尉周亚夫却任凭吴楚攻打梁国而不去救援，同时命汉军断绝叛军的粮道。梁国又派使者向景帝申诉，景帝于是下诏书命周亚夫发兵救援梁国。

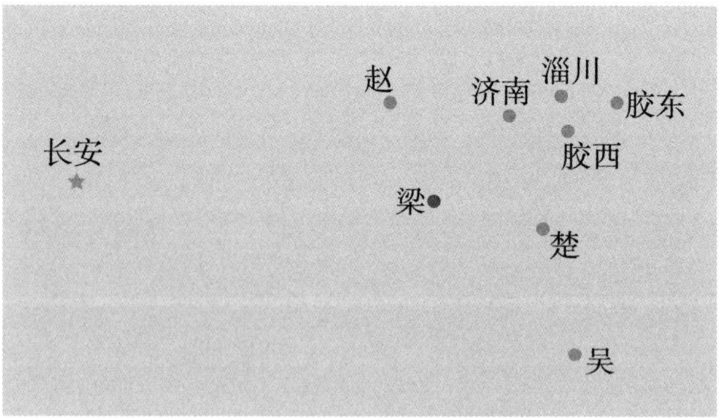

“七国之乱”位置示意图

周亚夫拒不奉诏，依旧坚壁不出。梁国的奋力抵抗使得吴、楚叛军不能向西，同周亚夫相据了三个月的时间。

时间一长，吴、楚士兵饿死叛逃的很多，叛军最终被周亚夫击败。此时众将才认可周亚夫的谋划，但梁王却因此与周亚夫有了隔阂。

周亚夫的计谋是从大局出发，而且最终也被证实是行之有效的，这一谋略使朝廷得以击败七国叛军，巩固中央政权。但是有位思想家却独具只眼，从纷乱的历史中读出了家庭伦常的信息。这位思想家就是《读通鉴论》的作者王夫之。

在《读通鉴论》卷三“景帝”条下，《亚夫请以梁委吴获景帝甚梁之心》篇，王夫之明确指出，汉景帝是在借此机会削弱梁国。周亚夫能坐视吴国进攻梁国而不发兵救援，肯定是与景帝有秘密约定在先。这一举动不仅可见周亚夫的用心，汉景帝的用心也昭然可见：“于是而亚夫之情可见，景帝之情亦可见矣。”亲弟弟危在旦夕、统兵将领拒不奉命而自己却不加怪罪，作为兄长的景帝为何有这份定力？景帝的表现是够残忍了，可这种局面是谁造成的呢？正是景帝、梁王的母亲窦太后。

梁王刘武是汉景帝的同母弟，其母为窦太后。梁王因为是小儿子而颇受宠爱。汉景帝在还未立太子之时，有一次对梁王说，等我千秋万岁后传位于你。这是他知晓窦太后的心思而故意说的违心话。梁王知道虽然知道这不是皇帝的心里话，还是很欢喜，窦太后也很高兴。

景帝的这番话却引起了大臣的反对，窦婴就反驳说："天下是高祖打下来的天下，父子相传是汉朝的约定，皇上怎能传位梁王呢！"窦太后因此而厌恶窦婴，"除婴门籍，不得朝请"。梁王因此更加骄傲，而景帝却更加忌恨梁王了。

回到"七国之乱"的历史现场。王夫之说："委梁于吴以敝吴，而即以敝梁。梁之存亡，于汉无大损益；而今日之梁为他日之吴、楚，则敝梁于吴而恃以永安。亚夫以是获景帝之心，不奉诏而不疑。"梁国的生死存亡，对汉朝廷没有多大的利害关系，而今天的梁国，却可能变成明天的吴国楚国，所以周亚夫任由吴国攻打它。周亚夫此举正合景帝的心意，所以即便他拒不奉诏，也不会引起景帝的疑心。而景帝命周亚夫救援梁国，则不过是为了应付梁国的救援请求，缓和母亲窦太后的责备罢了。

历史证明，景帝和周亚夫的担心并不是空穴来风。"七国之乱"平定后，诸侯国被分割，对汉中央王朝的威胁大大减轻，而梁国却一跃而成为头号大诸侯国。梁王也自恃平叛有功，日益骄横。他大治宫室，出入的仪仗效法天子，还对反对立他为嗣君的大臣怀恨在心，派人刺杀了袁盎等十几个大臣。景帝对此非常不满，但碍于窦太后的面子，没有治他的罪。在梁王病死后，景帝立即把梁国分为五国，削减其实力。

父母偏心的情形大概是中国式父母的通病。春秋时期郑庄公的母亲武姜偏爱少子共叔段，帮助共叔段谋划作乱，惹得郑庄公发誓同母亲“不及黄泉无相见也”，而共叔段最后也落得身死他国的下场。《左传》首篇就以“郑伯克段于鄢”为名记载了此事。汉初的赵王如意，因其母戚夫人得宠于高祖刘邦，曾被刘邦考虑立为太子，结果刘邦死后戚夫人被囚，如意被吕后鸩杀。颜之推在《颜氏家训》中也举了北齐武成帝因宠爱琅邪王，致使其言行没有分寸，以致矫诏造反、被囚而死的事例。颜之推感慨地说，父母对子女的偏爱，是“虽欲以厚之，更所以祸之”。

天下智者所见略同。千年后的王夫之也认为窦太后对梁王的偏爱，实际上加剧了景帝对梁王的不满，“后愈私之，帝愈惎之，梁其不为叔段、公子偃者，幸也”。梁王能够善终其身，已经算是万幸了！

（原载2022年3月21日“中华书局1912”微信公众号，作者系中华书局基础图书出版中心编辑）

大城小调：《东京梦华录》里的四季烟火气

肖帅帅

“开封有个包青天，铁面无私辨忠奸……”这是一段深深烙在我童年记忆里的背景旋律。虽然现在风头正劲的探案组合国内有狄仁杰和李元芳，国外有夏洛克和华生，我还是觉得包大人和展昭的组合盖世无双！黑脸包公和红衣侠客的神仙组合，就是我童年里的一道光！包大人刚正不阿，不畏权贵，来找他伸张正义的人络绎不绝，日理万机的包大人工作这么辛苦，作为深度崇拜者的我，非常担忧他的伙食能不能跟上。一千年前的开封都能吃到什么？我认认真真地考察了一年。

春

春天的节日非常多，特色的吃食也很多，让开封人最期待的，还是每年春天皇家园林金明池和琼林苑对外开放的日子，而且在开放的这段时间里，园林还允许商家来做生意。金明池和琼林苑是对门儿，每到开放之日，作为开封春天最具人气之地，人来人往，熙熙攘攘，商家也瞅准商机，纷纷入驻，藏了不少国民小吃。

喜爱螺蛳粉的我，第一眼就看到了买螺蛳肉送梅花酒的招牌！开封虽然不是水乡，一千多年前却也可以在春季吃到这种时鲜货！一直听人说，“明前螺蛳赛过鹅”，清明节前的螺蛳肉质最为肥美，搓搓小手，迫不及待地要去尝一尝啦！在和煦的春风里嗦一口螺蛳，喝一口清凉饮料梅花酒，好不享受！不知道包大人的嗦螺水平高不高。

饕餮一番，继续游览，穿过一片卖泡饭、什锦辣菜和梅子蜜饯的小摊，去游人比较稀少的金明池西岸散散步。金明池西岸没有房屋殿宇，垂柳点蘸水面，烟草铺满长堤，不仅是散步的好地方，还是垂钓的好去处。当然在皇上家的鱼塘里钓鱼，肯定是要收场地费的。比较有生意头脑的人，悄悄竖起了“现杀野生大鱼”的招牌。对于一个土法养生的中国人，“现杀”和“野生”无疑是极具诱惑力的。赶紧去看看！

当然标榜“现杀”和“野生”的价钱也不会便宜，这个道理我们也是熟悉的。购买这条从水上到案板上无缝衔接的大鱼，就要出双倍的价钱。仔细算算抹平场地费，减去人工费，再赚一点钱，其实价格还算公道，而且薄切鱼片很考验师傅的刀工，可以充作技艺表演站在一旁观看。

夏

天气转暖之后，大自然的馈赠越来越大方。皇宫东门东华门之外，是整个开封城最富市井气息的市场，各种时令瓜果应接不暇，青杏、樱桃、茄子、瓠子、李子、金杏和林檎果，要不你方唱罢我登场，要不就同台竞技，不知不觉夏天就热热闹闹地挤进了人们的生活。

赶上端午节，艾草、菖蒲叶、糯米团、糖果子等各种节日物品都被放在最显眼的地方，不知道这些商贩什么时候准备的货品，好像会变戏法儿似的，只觉得一夜之间，到处就充满了节日的气息。

阳光日益毒恶，骇人的三伏天来了，商家全都张开了青布伞，在当街支起了床凳，夏日限定的清凉食品纷纷上市。但是开封城最好的两家冷饮店，在旧宋门外。这两家十分讲究，全部冷饮都用银器盛装。有用绿豆加糖煮成的砂糖绿豆，有用皂角树的种子做成的水晶皂儿，有切得很细的凉粉，有芝麻团子，有黄冷团子，有成串儿的熟林檎果，还有开封城最流行的点心龟儿，是豆沙馅的呢！好不丰盛！不知道包大人这么严肃的人会不会来吃冷饮，也许像他这样繁忙的人，把瓜果在冷水里泡一泡就满足了，这倒也是开封人常常使用的消夏之法。

秋

立秋那一天，满街都是卖楸树叶的，好多女孩子和小朋友，头上都戴着用楸叶剪成的花样，开封人用这种习俗来迎接秋天的到来。这个季节各个品种的枣大量上市，开封的市场上有灵枣、牙枣、青州枣和亳州枣。不过对于见多识广的开封人，这些都太过平常，只有鸡头米上市才能引起一阵追捧的热潮。

地道的开封人都知道，开封城里鸡头米品质最好的店铺是梁门里李和家。李和的店铺里，一律挑选银色皮子，最鲜嫩的出售。达官显贵、皇家国戚们家的鸡头米，也都由他们家供应。一到这个季节，用金盒盛放的鸡头米，就被络绎不绝地送进内庭。普通人购买就不用这样大费周章了，一小张新鲜的荷叶包裹，杂以麝香，再用红色小细绳系起来，我独爱这种简单自然的方式。

对吃喝这样讲究的开封人，中秋的餐桌上必然少不了螃蟹的身影。不过中秋节前开封最火爆的地方不是卖螃蟹的店铺，而是酒馆。因为中秋前夕，开封城各家酒店都开始卖新酿的酒。大家争相进店饮酒，导致店家晌午过后就无酒可卖，不得不早早拽下酒旗，停止营业。

秋天不愧是收获的季节，市场上石榴、栗子、葡萄和橙橘等果蔬琳琅满目。这样丰盛的秋天，一定可以为包大人提供充足的营养！

冬

立冬前几天，上至宫廷，下到民间百姓，都开始储藏冬天的蔬菜了。车载马驮，开封城里交通大堵塞。

冬天的市场虽然逊色不少，不过还是能发现一些应时物品。比如用生姜和豆豉调和成的姜豉，水果只有鹅梨，最让人惊奇的是，市场上还有蛤蜊和螃蟹。不过冬天天气寒冷，肚子特别容易饿，还得靠肉食提供更多的热量和能量。一到冬天，朱雀门外的州桥夜市，会有盘兔、现烤现卖的猪皮肉、野鸭肉、猪内脏之类的出售，说是夜市，其实一直从白天营业到凌晨。

整个冬季中，开封人最看重的是冬至，即使是最贫穷的人，到这一天也会穿上新衣，置办饮食，祭祀祖先。大家相互庆贺，新年将至。

不知不觉，一年就这么结束啦！开封城一整年都热热闹闹的，开封人适时而动，把自己认认真真地扎进了自然里，每个季节，每个月份，都享受着自然最上等的馈赠。考察一番，我完全为开封的市井气着了迷，再也不为包大人和展昭的伙食担心啦！生活在开封城，有什么可担忧的呢？！如果怀疑我谎报实情的话，不如你也来看看《东京梦华录》呀！

（原载2022年3月28日“中华书局1912”微信公众号，作者系中华书局基础图书出版中心编辑）

时代夹缝中的亮光：纪念魏源逝世 165 周年

杜艳茹

说起魏源，大家都不陌生，他学识渊博，才气纵横，提出“师夷长技以制夷”的主张，被誉为近代中国“开眼看世界”的第一人。

经世之才

魏源天赋聪颖，刻苦好学。嘉庆十九年（1814），他 20 岁第一次出湖南求学，一路上目睹天灾兵祸、黄河决堤以致民不聊生，感觉到清帝国已开始衰败，危机四伏。在北京三年，魏源广交师友，探讨学问，结识了陶澍、贺长龄、林则徐、刘逢禄、龚自珍等一时名士，师从刘逢禄习公羊学。道光二年（1822），参加顺天乡试，冠南籍，也就是获南方各省举人第一名。此后多年，魏源科举不利，直至 52 岁中进士。期间，曾入贺长龄、陶澍幕府，襄助公务，出谋划策。

漕运、盐法、河工、兵饷为有清一代大政，魏源于此均有创见。道光四年（1824），淮水决高堰，运河水竭，漕运不通。魏源作《筹漕篇》《钱漕更利弊》《上江苏巡抚陆公论海漕书》，提倡改用商船海运，助力海运漕粮从上海到天津的实现。道光十一年（1831），魏源丁父忧南下，助力陶澍改革淮北盐政，创行票盐法，作《筹鹾篇》《淮北票盐记》，并带头示范经营，不仅推行了新法，自己还赚了一笔银子，在扬州兴建了一处园林——絜园。面对黄河屡溃、河务难治的现实，魏源陆续写出《筹河篇》《畿辅河渠议》《上陆制府论下河水利论》《湖广水利论》等文章。这些论议，是魏源基于对现实的观察和思考得出的，带有强烈的经世意义，非醉心于故纸堆的腐儒可比。

魏源早年治王学，喜读史书，深悉汉学阃奥，亦曾究心于音韵训诂，然而面对内外交困的社会现实，又感愤书生之无用，对汉学不惜加以猛烈攻击：

> 自乾隆中叶后，海内士大夫兴汉学，而大江南北尤盛。苏州惠氏、江氏，常州臧氏、孙氏，嘉定钱氏，金坛段氏，高邮王氏，徽州戴氏、程氏，争治诂训音声，爪剖釽析，视国初昆山、常熟二顾及四明黄南雷、万季野、全谢山诸公，即皆摈为史学非经学，或谓宋学非汉学，锢天下聪明知慧使尽出于无用之一

途。(《武进李申耆先生传》)

魏源还是一位编书快手，处理政务余暇，受贺长龄委托，用短短一年多的时间，于道光六年（1826）编成《皇朝经世文编》，该书共120卷，以“存乎实用”为原则，旨在扭转当时知识分子不问政治、专事考据的学风。刊行后大受欢迎，供不应求，一印再印，风行数十年。后来成为同治中兴重臣的左宗棠，将此书视作“体用俱备，案头不可一日离”的有用之书，督促女婿多多研读。

济世之志

魏源生于乾隆五十九年（1794），两年后乾隆禅位。他在世的六十余年，正值清帝国由盛转衰之时，目光所及，皆是衰败之象。及至魏源离世的1857年，距鸦片战争爆发已过去了17年，距洪秀全建号太平天国也已过去了6年，大清帝国依然在纲纪废弛、贪污横行、贫弱交困的泥淖中挣扎。这一切，都与魏源努力半生的追求相去甚远。

江口晤林少穆制府

万感苍茫日，相逢一语无。风雷憎蠖屈，岁月笑龙屠。方术三年艾，河山两戒图。乘槎天上事，商略到鸥凫。时林公属撰《海国图志》。

聚散凭今夕，欢愁并一身。与君宵对榻，三度雨翻蘋。

去国桃千树，忧时突再薪。不辞京口月，肝胆醉轮囷。

魏源诗中描写的，是1841年六月某夜的一次会面，47岁的魏源得知林则徐被发配新疆伊犁充军，将要路经京口（今江苏镇江），于是赶来迎候。在一家简陋的小客栈里，一盏昏灯之下，老友相见，悲喜交集，他们深深地为国家的前途和命运忧心。鸦片战争的失败，更坚定了他们唤醒民众、救亡图存的决心。林则徐将自己在广州主持翻译的《四洲志》一书手稿和其他资料，全部交给魏源，嘱托他进一步广泛搜集资料，编撰一部更为详尽可靠的西方史地全书，以助有识之士了解“夷情”，制订抗敌御侮良策。

在不到两年的时间内，魏源基于《四洲志》，搜集更多资料，编成《海国图志》50卷，1843年刻印于扬州。1848年增补为60卷，1852年增补为100卷。该书囊括了世界地理、历史、政治、经济、宗教、物产各方面内容，以知夷、师夷、振兴军备为核心理论，总结鸦片战争的失败教训，整理成有系统的军事思想。魏源在序中开宗明义地说：

是书何以作？曰：为以夷攻夷而作，为师夷长技以制夷而作。

然则执此书即可驭外夷乎？曰：唯唯，否否！此兵机也，非兵本也；有形之兵也，非无形之兵也。明

> 臣有言："欲平海上之倭患，先平人心之积患。"……去伪，去饰，去畏难，去养痈，去营窟，则人心之寐患祛，其一。以实事程实功，以实功程实事，艾三年而蓄之，网临渊而结之，毋冯河，毋画饼，则人材之虚患祛，其二。寐患去而天日昌，虚患去而风雷行。

几乎同时进行的，还有《圣武记》的编撰。全书14卷，叙述了清王朝自开国开疆拓土的功业，后四卷集中阐述了魏源对兵制兵饷、练兵整军、改革矿务等军事、经济问题的思考，既有实战经验，又有军事理论，是中国近代的一部军事力作。

用今天的眼光看，魏源的观点已不新鲜，甚至大可商榷，然而在那个沉醉于天朝上国迷梦，对西方"奇技淫巧"嗤之以鼻的时代，"师夷长技以制夷"此论一出，可谓石破天惊，引发了极大的争议，其书屡次被禁。尽管在之后的半个世纪，曾国藩、左宗棠等洋务派大臣和康有为、梁启超等维新派人士都深受其影响，但在当时未能引起清廷的足够重视。

吊诡的是，1853年《海国图志》传至东瀛，日本人如获至宝。在他们看来，这部闻所未闻的奇书照亮了同样闭关锁国的日本的未来，对于日本人了解世界各国的情况，学习西方先进科技，加强海防建设，有很大的启示。短短数年间，《海国图志》在日本一再翻印，各种版本达二十多种，加速日本走上革新自强之路，可谓不龟手之药。

光芒不息

魏源二十多岁声名鹊起，但蹉跎科场，先后五次名落孙山。他在给好友邓显鹤的信中写道：

> 自海警以来，江淮大扰，源之生计亦万分告匮。同人皆劝其出山，夏间当入京师，或就彭泽一令，或作柳州司马矣。中年老女，再作新妇。世事逼人至此，奈何？

1844 年第六次会试，50 岁的魏源终于高中，两年后以知州分发江苏叙用。邓显鹤深为魏源无缘入翰林、做高官而遗憾。魏源十分旷达地说：现在许多官老爷整日以蝇头小楷、俳体八韵为报国之能事，我若与之同流，情何以堪？不如踏踏实实到基层做个州县小官，为老百姓办点实事。此后五年，魏源先后被任命为江苏东台、兴化知县、高邮知州，兢兢业业，疲惫不堪。面对举国昏昏、闭目塞听的社会现实，知音至交的相继故去，他空有兴利除弊的壮志雄心，却难以施展。魏源暮年弃官归隐，潜心佛学，法名承贯，一代思想启蒙大师的最后归宿令人唏嘘。

思想的光芒具有穿透时空的力量。甲午海战后，魏源曾经规划的蓝图再次成为救国的利器，《海国图志》在短短几年时间内被数次刊印。魏源开启了晚清注重实学、经世致用的学风，迈出了中国走向世界的重要一步。时至今日，《魏源集》中许多讨论修身治学、治国理政的文字，魏源的胸襟、眼光和格局，仍然能带给身处百年未有之大变局的我们许多思考和启发，值得好好研读。

（原载2022年3月26日“中华书局1912”微信公众号，作者系中华书局近代史编辑部编辑）

总有一些东西，无法隐入尘烟

马　燕

麦子会对土地说什么？
麦子会对老天说什么？
麦子又会对镰刀说什么？
麦子还会对麻雀说什么呢？

这个周末，我去看了2022年以来豆瓣评分最高的电影《隐入尘烟》，观众之多，出乎意料。故事背景是甘肃农村，主人公是马有铁和贵英，虽然名字里有“贵”有“铁”，但实际都是不被周围人待见的畸零人。两人因包办婚姻走到了一起。随着时间流逝，温情在他们之间滋生，日子在共同努力下也越来越有盼头，但贵英因溺水意外身亡，有铁心灰意冷，打算殉情，后被救活，继续自己被盘剥的命运。

这部电影据说拍了一整年，记录了西北农村的春种秋收、四季轮转及日常生活场景。对我来说，虽然相距遥远，却颇为熟悉。因为，电影中的很多场景，在最近看过的《椿树峁》一书中，都有详细的描述。

比如，看到有铁和贵英用驴子去拉水这一细节，观众只看到两人一路颠簸运水的过程，对于前情和后续都不了解。《椿树峁》里则描述了舀水到桶里的艰难，黄土高原，水源不好找，“光是从地上一个浅浅的水窝子取水，就要用上半个时辰”；驮到住处后，“即使几个男知青同时上手，也无法把水桶从驴身上歇下来，非得老乡的帮助不可”。

看到《隐入尘烟》里那些老乡的生存状态，我彻底理解了《椿树峁》中作者的慨叹：

> 当年的那一群知青，头一次见到这陕北，见到这苦情的日子，才知道还有这遭罪的人生。真正让知青震撼的，是这群躯壳中候着的魂灵，这是钉在这黄土峁子上的魂儿。再咋的苦情，咋的遭罪，都平静着，麻木着，并无嚎叫不甘，认下，受下，顺了死生，随了命定。你暗中感受到那种承受苦难的能量，那能量极其巨大，无底得叫我恐惧。

五十多年前一个下着大雪的冬天，九个十七八岁的北京学生娃千里跋涉，来到陕北一个只有九户人家的小山村——椿树峁。一觉醒来，他们真的就在这里插队落户了。在经历了最初的水土不服之后，他们很快就学会了那些庄稼人的活计：掏地、开荒、割谷子、背背子、修梯田；习惯了当地的饮食，早上小米粘饭，晚上小米稀粥。但是，与老乡不一样的是，下雨下雪不用出工的日子，这些学生娃会在窑洞里读巴尔扎克、雨果、莱蒙托夫，以及《古文观止》《红楼梦》，一起唱《外国名歌200首》，有人还学会了陕北说书。

这些北京学生娃，在与老乡的相处中，产生了深厚的感情。那些淳朴的老乡、热辣的婆姨、热心的女娃娃，无不让人心生温暖。不管外面的世界变成什么样，他们在大山里还恪守着尊师重教的传统，自己吃不饱，也要把好吃的吃食给谢老师送来；他们保持着热情好客的习惯，有了稀罕的东西，想着让北京学生娃先吃。当然，北京学生娃也是苦活累活抢着干，寒冬腊月天，为了找到大坝的漏洞，毫不含糊地跳到冰碴水中。

这其中，最让作者难以忘怀的，还是给村里的娃娃们办“乡学”。老乡把家里的娃娃们，不分年龄，聚集到一起，交到了有着“好文化”的谢老师手里。于是，黄土高原的小山村里响起了娃娃们的琅琅读书声，“无边落木萧萧下，不尽长江滚滚来”。那一片清脆的童音，一片脏兮兮、被太阳晒得红红的脸蛋儿，一片稚气渴望的眼睛，让远隔重洋的作者，至今想起来还是忍不住双眼噙泪。这一篇《乡学》，就像作者的心底自然流淌出的一首歌。

对于世世代代生活在这片土地上的人们，“顺了死生，随了命定”，除了接受命运的安排，没有别的选择。但对于这些北京学生娃来说，他们深知自己不会永远属于这片土地，他们的心里，充满着“对复活与重生的渴望”。无论经历怎样的艰辛，他们都必须要改变自己的命运。我们看到《野草》里的四中高材生史砚华说：“即使只有百分之零点一的机会，我们也要做百分之二百的努力。”也看到他在失意时对着大山狂啸“我——不——信！”撕心裂肺，惊心动魄。

最终，他们都走出了大山，甚至，走到了国外。史砚华成为世界知名的物理学家，许小年成为著名经济学家，王克明成为文化学者，至于本书作者，则是远赴德国，成为计算机专家。虽然远隔重洋，但在他们的心中，陕北变成了根一样的存在。

应该说，不管是《隐入尘烟》还是《椿树峁》，它们在表面上都不具备当下流行文化的元素，但依然靠着质朴的内容击中人心。这是怎样的一种力量呢？我想，应该是那种无比接近真实的与土地血脉相连的生命体验以及人在自己无法左右的环境下奋力挣扎想要改变命运的努力。

生活在现代都市中的你我，每天坐在高楼大厦里，虽然能够浏览到网络世界的海量信息，但内心越发迷茫，感知力也在逐渐退化钝化。如果有时间，希望大家到电影院里，到《椿树峁》里，去看看不发一言却孕育万物的土地，去看看庄稼在四季里的生长收获，去看看那些用心、用尽全力活着的人们，去看看人和土地之间的亲密互动，也许，这一切能够赐给我们奋力前行的力量。

（原载 2022 年 8 月 18 日“中华书局 1912”微信公众号，作者系中华书局大众图书出版中心编辑）

像古人那样与万事万物联结

吴艳红

茂茂：

最近疫情反复，你开始居家线上学习，我也开启了居家线上办公。乐群而好动的你大概觉得这样封闭的日子并不好过，我从你朗读课文《树和喜鹊》“树很孤单，喜鹊也很孤单”里听到了一丝不属于你这个年龄的孤单。“袅晴丝吹来闲庭院，摇漾春如线”，如此春光，我们只能把它关在门外。多么无奈。

但事情不止有这一面，还有你看不到的另一面。

我想通过写信这种亲切而严肃的方式和你聊一聊：人如何冲破环境的束缚，获得心灵的自由。我最近恰好阅读了中华书局出版的彩图修订版《食色里的传统》，它促发了我的一些思考。

《食色里的传统》书写的是古人的日常生活细节，包括饮食、服饰、行旅、草木、节令、百戏、歌谣，囊括了从物质到精神的方方面面，它们不是割裂的，而是打成了一片，你中有我，我中有你，含着最寻常的人性和最朴素的情感。作者以行云流水般的文字写活了流传几千年的传统，令人心生敬畏。我从中看到了古人与万事万物的联结。

孩子，我们拥有的并不只是此时此地此身，只要我们的心灵像大海般宽广，就可以拥有无限的时间、空间和阅历。所以，不用害怕身体束缚在一方狭小的天地里，相信心灵联结的力量吧！

与大自然联结在古人那里是最自然不过的事了。大自然是造化所钟，城市才是人创造的。在城市里待久了，就像诗人陶渊明说的，仿佛“久在樊笼里”，“复得返自然”才是心之所向。这也是为什么我们总想去户外见见阳光、高山、河流、绿地。

古人对大自然的爱萌发于大自然对人类的馈赠。大自然提供了人类赖以生存的食物，除了餐桌上的“常客”，还有漫山遍野的野菜。野菜在饥馑之年对人有活命之恩，摘嫩桑、挖荠菜、掰椿芽，是为果腹，也含着对天地山川的感恩。

当然，大自然还是审美的对象，让我们劳顿的身心得以释放压力。古人成群结队去踏青，就是把大自然看成了可亲可爱的朋友，徜徉其间，充满了欢乐。

无论古今，我们都不应切断与大自然的血肉联结。

除了大自然，我们还可以跟传统联结。传统是什么呢？它仿佛看不见、摸不着，可它就在我们的生活中一直延续着。我们的传统节日、二十四节气、十二生肖、特色菜系等等流传了几千年，成为现代人生活中不可或缺的一部分。

是不是感觉心灵与外界联结是件让人由衷快乐和自由的事呢？大自然是永恒的，传统是可爱的，我们的心灵是无限的！多么让人欢欣鼓舞啊！希望我们都能开启心灵的联结。

心灵联结的方式是多种多样的，绘画、音乐、阅读等有益的活动都能让你的心变得灵动起来。这样换个角度看问题，在家上网课是不是也没有那么糟糕？

相信我，一切焦灼都会成为过去，春天依然属于我们！

（原载2022年3月26日《新民晚报》，作者系中华书局上海聚珍文化传媒有限公司编辑）

热闹是他们的，但我们迟早会加入

黄飞立

X 先生 / 女士：

你好！

写下这些文字时，窗外正春阳和煦、熏风撩人；稍稍远望，更见柳丝骀荡、芳蕊竞吐——然而，我，你，还有千千万万跟我们一样的人，却不能尽情将这春光拥入怀中，只能身居斗室，骋怀驰想——疫情袭来的第三个春天，我们依然只能辜负这韶光，无奈亦必须，孤闷之中，素昧平生的你我他，也许倒多了些分享交流的冲动与契机。

我喜欢阅读，照我自己的理解，阅读就是一个与古往今来无数人打交道的过程。在这个过程中，阅读者的心灵维度增加了，生命情感丰富了，人生体验也变得格外多姿。“今人不见古时月，今月曾经照古人”，在永恒的月亮面前，今天的我们与古人，相隔其实并不辽远。

不过鲁迅说过："人类的悲欢并不相通。"同一个时空中的人尚且如此，何况今人与古人之间？但鲁迅还说过："无穷的远方，无数的人们，都和我有关。"这也许正是鲁迅"眼孔极冷，心肠极热"的映现。一个人只要有正常的心灵温度，一定会在他人那里那里收获程度不一的共鸣，同声相应，同气相求，更何况人类在由猿变人后，人性并没有发生过什么大的变化，人类的普遍情感，古今中外也没有什么大的不同，否则人类的交流如何实现？精神财富又如何共享？

让我们再回到现在这个节候，把自己想象成先贤孔子，当听到弟子曾皙说到自己的志向是"暮春者，春服既成，冠者五六人，童子六七人，浴乎沂，风乎舞雩，咏而归"时，是不是也会觉得遥襟甫畅，逸兴遄飞，暂时把家事国事天下事放在一边，深深赞同这样的人生取向？

又到农历三月三日上巳节，我们来到了东晋永和九年的绍兴兰亭。这天天朗气清，惠风和畅，我们和王羲之等大名士一起，曲水流觞，畅叙幽情，是不是也会不禁文思泉涌，下笔成诵，在与大自然和三五好友的亲密接触中，"快然自足"，忘记了时间的存在？

如果说以上这二位大名人与我们多少还有些心理"距离"的话，那么普通百姓的"春天"就会让我们觉得再亲切不过了。

踏青春游，古人与我们毫无二致。北宋都城开封的春天，“四野如市，往往就芳树下，或园囿之间，罗列杯盘”，好一点的园子人满为患，一直饮酒作乐到天黑才回家。为了防雨，竟然还出现了类似现代帐篷的“油幕”，不致因风雨而败兴。而向来以奢靡之风著称的杭州，春天宴游的场面更是奢华，笙歌鼎沸，鼓吹喧天，好不热闹！

“清明时节雨纷纷，路上行人欲断魂。”清明节是扫墓祭祀之日，本应保有悲切凄凉的氛围，但因处于万物萌生的春季，人们便常常利用这一扫墓祭祀的机会，到郊野踏青游玩，以至歌吹戏耍、游庙逛街，所以一直有着轻松欢快的气氛。张岱就批评这种风气，说是“厚人薄鬼”，借祭祀的名义行欢愉之事；然而人们内心的这种萌动，不是一直延续到了今天吗？

以上这些，就是《古人的生活世界》这本书呈现给我们的，因为契合了我的眼中景、心中事，所以特别与你分享。不过这里只是古人生活世界的冰山一角，书中还说到古人生活的其他种种细节，活色生香，有待我们去慢慢探索，细细体味，原来我们与他们，竟是这样的声气相通。

信笔至此，少不了两句祝愿。古人的春天是热闹的，也是属于窗外那些桃红柳绿的，但我们迟早会加入他们。

（原载2022年5月1日《新民晚报》，作者系中华书局上海聚珍文化传媒有限公司编辑）

“行行重行行，与君生别离”

黄飞立

进入二十一世纪的头一两年，大学还没有扩招，学生们的黄金岁月还停留在闹市。兰州大学就临着兰州市区的主干道之一天水路，路的尽头，是兰州火车站，大概只相距一公里多点吧！天气晴好的时候，站在兰大的校门口，可以清晰地看到站前广场耸立的铜奔马和候车楼顶民国书法家张邦彦先生古拙的“兰州”二字。

空间上的近乎零阻隔，便使得每年寒暑两季的聚散，变得稀松而家常，毕竟“抬腿就走”“下车即到”，在二十余年后仿佛离我们越来越远了。而这种地缘和心理上的优势，在聚散的重头戏——每年六月的“毕业季”，被放大成一种独一无二的体验。

毕业的气氛从年后返校就能明显感觉到了，并且随着气温和物候的变化而不断酝酿，变得愈加浓烈起来。同学们的去向一个个明朗，毕业酒不知喝了多少回，衷肠也一遍遍地倾诉，这些，都是“毕业”的题中应有之义吧！等真正到了最后这几天，我们的世界，仿佛就浓缩在了学校到火车站这短短的一公里间。

那时，对于几乎所有人来说，伴随着滚滚钢铁洪流各赴前程，是跨迈学校—社会界域的唯一路径。那几天，我们就奔忙于学校和车站之间，每一位同学开行的时刻，都被清楚地标记出来。先走一步的，被后行者簇拥着，行李被同学们分持着，浩浩荡荡向火车站开拔。坐不到车也无妨，大家分外珍惜这相聚的最后时刻，一路欢聊到车站。那时还有站台票卖，但在这几天，车站也贴心地关闭了站台票售卖口，只要是送行的，畅通无阻到站台。

而这时的各个站台，仿佛都被毕业季的同学们占据，看不到其他旅客了——十几条、几十条欢送的队伍汇聚在一起，再大的车站，怕也容纳不下这么多的热情。车上喧闹，站台上更是满溢着一张张稚嫩、焦急、期盼、强毅的脸庞，歌吹震地，沸反盈天。如果有不识趣的站务员或列车员企图阻挡一下相送上车同学的热情，便会被其他同学群声呵止——在这种时刻，怎么能做出这么有悖天理的事来！呜咽声还是点滴出现了，并迅速传播开去，最终汇聚成一片，并且随着开车铃声的响起而到达高峰。无数只手伸出来了，挥动起来了，无数只脚也移动起来了，正如这个季节成熟的麦浪，涌动翻滚。

抽泣声随着这趟列车的离去被延伸到了站外，与下一波进站的同学相遇，大家穿梭往复，共同完成一个神圣的仪式。漫步回校，喘息未定，又在询问下一班离去的列车。在蝉鸣声中，送行的同学越来越少，宿舍里也慢慢地有了回音。前程就在此地的同学，就像守道者一样，送走最后一位同学，护持大家四年的馨香。

“行行重行行，与君生别离。”今日道虽长，却已不再阻，但记忆中的“生别离”，却总是在这个特殊的季节被一次次唤醒。

（原载 2022 年 7 月 19 日《新民晚报》，作者系中华书局上海聚珍文化传媒有限公司编辑）

特稿

中华书局老编辑的朴实楷模

张继海

梅贻琦说过一段很有名的话："所谓大学者，非谓有大楼之谓也，有大师之谓也。"把这段话移过来形容出版机构和名编辑的关系，也是恰当的。2022 年是中华书局创建 110 周年，她出版的众多优秀出版物的背后，都有名编辑、老编辑的辛苦付出。比较巧的是，我们在 10 月份迎来了三位老编辑的 80 周岁生日：15 日是熊国祯先生生日，19 日是陈抗先生生日，23 日是何英芳女士生日。更巧的是，他们的生日均为相隔四天。在此祝他们健康快乐！

俗话说：家有一老，如有一宝。老编辑身上有很多东西值得我们学习。我对他们了解得不多，但毕竟比很多年轻人早进书局几年，多少还知道一些，下面就简要谈谈我所了解的三位老寿星、老编辑。

熊国祯

熊先生是“文革”前北大中文系古典文献专业毕业的，毕业后到中华书局工作，部门是在哲学组，责编了不少哲学宗教类的图书，八十年代中期起先后担任副总经理和副总编辑。20年前我刚进中华书局的时候，熊先生还是副总编辑，在新员工培训上给我们讲过课。后来他还陆续给随后几年入局的新编辑讲过课，其中有一次讲的题目是“要提高编辑工作含量”，讲编辑对本职工作要“尽心”，《孟子》七篇，最后的一篇就叫《尽心》，熊先生拿来做比喻，至今令人不忘。这个讲座稿在整理之后还登在了《古籍整理出版情况简报》上。

退休之后，熊先生接受返聘，负责对新出的图书作质检，工作极其认真负责。我因为曾长期负责哲学室的工作，所以跟熊先生的共同语言更多一些，关于过去一些旧书和丛书的情况、老作者和老编辑的情况，多次向熊先生请教过。哲学室新出的书，他若见到我，也会表达对该书的看法，比如这个书好或不好，或者哪里做得还有问题。

讲两件小事。

某一次书局办伯鸿讲堂，请楼宇烈先生来主讲，市场部根据录音整理讲座内容，随后在微信公众号上推送了出来。熊先生注意到其中一处错误，原来楼先生讲的是“转识成智”，是佛教里的用语，不熟悉的话，光凭录音很难正确转写。熊先生告诉我，我让市场部赶快做了更正。

哲学室做《四书章句集注》的线装本，请熊先生来审读把关。原来我以为此书是一部常销的经典，文本整理质量应该很好。没想到一个月后熊先生返回校样，里面竟标注了很多标点失误或欠妥的地方，他说自己也没有想到，这么多年习焉不察，要不是这次检查，这些错误还会留着。

熊先生是一个比较谦抑的人，自己整理的古籍并不算多，我知道的是“理学丛书”中的两种：一个是陈淳的《北溪字义》，是与高流水合作；一个是《颜元集》，与另二人合作，熊先生自己用的还是笔名。熊先生曾赠我一本《文化的积累与追求》，是他在古籍整理方面有关文章的结集。

熊先生很念旧。最近几年凡是过大寿的老编辑，几乎都收到了他亲自撰辞并书写的联语，很用心。就拿最近的为例。他给陈抗写的寿联是：

> 至老不离文字事
> 倾心仍在圣贤间

他给何英芳写的寿联是：

> 寒暑不歇英华掩映点清史
> 儿女双成芳龄留连校古书

陈　抗

抗老是研究生毕业，而且是容庚先生的研究生，八十年代初进入中华书局工作，部门是语言文字编辑室。据抗老自己说，他做过语言室的主任，也做过古代史编辑室的副主任，负责先秦史方面。抗老也给我们做过新员工培训。那一次培训是熊先生主持，他在介绍抗老时特别指出抗老的严谨认真，据说他责编的一本书参加评奖，质检人员从里面挑不出一个错来；又说某著名学者把书稿交给中华书局，指名要陈抗做该书的责任编辑，声称我可以不要稿费，甚至贴钱都行。抗老的专业水平和在业界的声望，对于我们这些后生晚辈几乎是神一样的存在。

语言文字专业，要的是硬功夫。文字、音韵、训诂，你懂就是懂，不懂就是不懂，完全不能糊弄。中华书局出版的不定期学术集刊《古文字研究》，曾经有多期都是抗老亲自任责编，不仅为这本集刊树立了口碑，而且由此联系和团结了一批学者，并使一批古文字方面的名家名著在书局出版。

抗老是一个极严格的人，眼里不揉沙子。这不仅表现在他对书稿中的差错零容忍，就是对待工作的其他方面，也是一丝不苟。他认为工作时间就应该专心致志于本职工作，不能瞎混，也不能干“私活”。他自律甚严。至今若见到抗老，我的精神都一直绷着，不敢有丝毫放逸：一方面是觉得自己做得还不够努力，一方面是抗老的目光真能榨出我皮袍下面藏着的“小”来。

抗老的知识很广博，很多人碰到不懂的问题，解决不了了，会想到向抗老请教。顾青曾经回忆，九十年代末恢复办《中华活页文选》，他们经常加班。“我记得有一天半夜，有个稿子我们拿不准，于是就给‘（陈）抗老’家打电话，向他求教。陈抗先生二话没说，从老远的地方就打的过来。”

抗老对古籍版本很熟。当年他曾和俞国林在一个办公室。某天俞国林带了一部古籍到办公室，抗老拿眼角余光瞥了一眼，就知道是清末的巾箱本。

徐俊则回忆：“1980年代的中华，充溢着一种求知向学的风气。书局在礼堂开设古汉语班，由盛冬铃、陈抗、柴剑虹三位先生每周讲授王力《古代汉语》。”抗老的学问，有口皆碑。

抗老责编过《元和姓纂（附四校记）》等书。他对《永乐大典方志辑佚》一书下过很大功夫，是五位作者之一。他还点校过杭世骏的《订讹类编·续补》，收入“学术笔记丛刊”。现在经常还在重印的，是他与盛冬铃合作点校的《尚书今古文注疏》和《今文尚书考证》，是“十三经清人注疏”中的两种，极见功力。前些年这两种书要续签合同，我问抗老采取何种稿酬方式，抗老说还和以前一样，字数稿酬吧！那时候点校稿的千字稿酬是 15 元。抗老并没有计算哪种稿酬方式对自己更有利。

何英芳

何老师也是“文革”前北大中文系古典文献专业毕业的，和熊先生是同学，毕业后到中华书局工作，部门是在古代史组。她和很多同事一样，曾下放湖北咸宁“五七”干校，1971 年调回北京，参加点校本“二十四史”和《清史稿》的工作，具体负责《清史稿》。现在常能见到的那张标点“二十四史”同仁合影，前排坐着的众人中，左起第一人就是何英芳老师。大家都说何老师当时作为一个编辑，能和一众著名学者享受前排就座，真是神奇。何老师还有一张照片，是和白寿彝、翁独健、赵守俨在一起的工作照，也成为点校本“二十四史”及《清史稿》工作的珍贵记忆。

何老师 1998 年退休，我入局晚，与何老师没有工作交集。此次到何老师家祝寿，才多了一些了解。因为参与《清史稿》工作的缘故，何老师与点校《清史稿》的启功、王钟翰先生等非常熟悉，关系非常近。何老师客厅墙上即挂着一幅启功先生的书法作品。

在古代史编辑室内有一个传统，即编辑都专攻一个断代，有一个时期，古代史编辑室内的专业分工是这样的：

先秦——陈抗

秦汉——张烈

魏晋南北朝——张忱石

隋唐——柳宪

宋代——王瑞来

辽金——崔文印

元代——姚景安

明代——仇正伟

清代——何英芳

何老师就是负责清前期的相关选题（清后期的选题归近代史编辑室）。这次到何老师家祝寿，言谈中间，何老师谈到了《清稗类钞》和《清实录》。她关心图书的维护，提到《清稗类钞》好像存在目录与正文标题不一致的问题，提醒我们应该找机会改正。关于《清实录》，她说的更多，比如关于此书的内容编排与底本选择等费了很大心思，绝不是简单的影印；封面设计，从用色到书名用字到内封各级标题的用字都几经斟酌，本来封面图案还使用了龙，赵守俨先生说现在不是封建时代了，要求拿掉；赵守俨先生鼓励她把此书申报国家图书奖，为此她认真准备申报材料，后来果然得了奖；她还到外地多家图书馆去调查馆藏，想编《清实录》的续编，已经准备得很充分了，但是赶上九十年代中期书局压缩选题，此项目无奈下马……

此次点校本《清史稿》修订工作启动，我也向何老师作了汇报。将来具体工作开始之后，还要及时向何老师请教。作为当年点校本工作的亲历者，有些东西不是后人仅从纸面上就能知道的，要问何老师这样的“过来人”，这样才是真正的“征文考献”。从这个意义上说，何老师也是一“宝”，是书局的宝贵财富。

中华书局的事业，需要一代代编辑接续努力，薪火相传。我们要从老编辑身上学习这种专业认真、精进不已的精神，无愧前辈已经铸就的荣光，用心抒写属于我们这一代人的历史。

再次向三位老编辑致敬！

（原载2022年10月24日“中华书局1912”微信公众号，作者系中华书局副总编辑）